Bo Hanus

Energie sparen

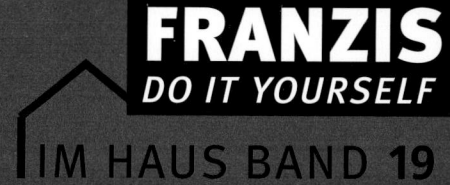

FRANZIS
DO IT YOURSELF

IM HAUS BAND **19**

Bo Hanus

Energie sparen

Leicht gemacht, Geld und Ärger gespart!

Mit 116 farbigen Abbildungen

Bibliografische Information der Deutschen Bibliothek

Die Deutsche Bibliothek verzeichnet diese Publikation in der Deutschen Nationalbibliografie;
detaillierte Daten sind im Internet über **http://dnb.ddb.de** abrufbar.

Hinweis

Alle Angaben in diesem Buch wurden vom Autor mit größter Sorgfalt erarbeitet bzw. zusammengestellt und unter Einschaltung wirksamer Kontrollmaßnahmen reproduziert. Trotzdem sind Fehler nicht ganz auszuschließen. Der Verlag und der Autor sehen sich deshalb gezwungen, darauf hinzuweisen, dass sie weder eine Garantie noch die juristische Verantwortung oder irgendeine Haftung für Folgen, die auf fehlerhafte Angaben zurückgehen, übernehmen können. Für die Mitteilung etwaiger Fehler sind Verlag und Autor jederzeit dankbar. Internetadressen oder Versionsnummern stellen den bei Redaktionsschluss verfügbaren Informationsstand dar. Verlag und Autor übernehmen keinerlei Verantwortung oder Haftung für Veränderungen, die sich aus nicht von ihnen zu vertretenden Umständen ergeben. Evtl. beigefügte oder zum Download angebotene Dateien und Informationen dienen ausschließlich der nicht gewerblichen Nutzung. Eine gewerbliche Nutzung ist nur mit Zustimmung des Lizenzinhabers möglich.

Satz: DTP-Satz A. Kugge, München
art & design: www.ideehoch2.de
Druck: Legoprint S.p.A., Lavis (Italia)
Printed in Italy

Vorwort

Wer Energie spart, spart auch Geld. Sein *eigenes* Geld. Wir sind aber in einer Wohlstandsgesellschaft groß geworden und können uns nur schwer mit Sparmaßnahmen abfinden, die unser Wohlbefinden spürbar belasten würden. In diese Richtung bewegen sich die Empfehlungen auch nicht, die Sie in diesem Buch finden. Im Gegenteil: Wir zeigen Ihnen, wo und wie Sie Geld und Energie sparen können, ohne sich bei jeder Handlung lange überlegen zu müssen, was und wie Sie etwas aufdrehen, einschalten, zudrehen und abschalten müssen, um dadurch wieder drei Cent oder drei Tropfen Energie einzusparen.

Wir alle haben uns daran gewöhnt, dass Wärme, Licht oder fließendes Wasser zu den „Dingen des Lebens" gehören, die immer vorhanden sind, wenn man sie braucht. Die Nutzung ist dabei nicht mit spürbarem Beschaffungsaufwand verbunden, wie er z. B. bei der Beschaffung von Wasser anfällt, das eimerweise aus einem abgelegenen Brunnen „eigenhändig und eigenfüßig" herangeschleppt werden muss. Dasselbe gilt für den Brennstoff: Wer erst die Bäume in seinem Wald fällen, zersägen und nach Hause transportieren muss und sie anschließend in kleinere Stücke zersägt und zerhackt, der hat zu seinem „eigenhändig aufbereiteten Brennstoff" eine ganz andere Beziehung als jemand, dessen Räume automatisch eine Zentralheizung aufwärmt.

Diese Entwicklung der „Distanz zu den Dingen des Lebens" hat vielleicht schon zu dem Zeitpunkt begonnen, als das Anzünden eines Feuers mithilfe von Zündhölzern möglich wurde. Was vorher mit einem erheblichen Arbeitsaufwand verbunden war, wurde auf einmal ganz einfach. Das „Feuermachen" hat somit – dank des Fortschritts – seinen ursprünglich äußerst bedeutenden Stellenwert verloren. Dann kamen der elektrische Strom, das fließende Wasser aus der Leitung usw., usw.

Mit diesem Fortschritt, dem wir auch unseren Wohlstand zu verdanken haben, wurde der Beschaffungsaufwand bei vielen Gütern immer geringer und wir haben verlernt, diesen Gütern einen angemessenen Stellenwert einzuräumen. Alles, was wir brauchen, können wir uns kaufen oder machen lassen – nicht immer und nicht uneingeschränkt, aber in einem Umfang, mit dem es sich bequem leben lässt.

Das Sympathische am Energiesparen ist, dass davon sowohl die Haushaltskasse als auch die Umwelt profitieren. Der Grundgedanke und somit auch der Schwerpunkt dieses Buchs beruht auf der sinnvollen Anwendung der modernen Technik, die uns das Energiesparen erleichtert, ohne dass

Vorwort

unser Wohlbefinden darunter leidet. Unsere Sympathie gehört dabei Geräten, die nicht nur umwelt-, sondern auch menschenfreundlich sind, wie es z. B. auch eine gut entwickelte energiesparende Wachmaschine ist: Sie erspart den Menschen nicht nur die Arbeit der „Handwäsche", sondern erledigt sie energiesparend, umweltbewusst, automatisch und nimmt den Menschen zahlreiche überflüssige Überlegungen (wie z. B. die Frage, wie viel Wasch-wasser eingelassen werden sollte) ab.

Die Investition mit dem Erwerb solcher Geräte zahlt sich oft doppelt und dreifach aus. Und dazu gehören auch viele der Geräte (oder Sparmaß-nahmen), über die wir Sie in diesem Buch informieren werden.

Ihr Bo Hanus und seine Co-Autorin Hannelore Hanus-Walther

Inhaltsverzeichnis

7

Inhaltsverzeichnis

8

1 Energie sparen – wo und wie?

1   Energie sparen – wo und wie?

Wer Energie spart, spart auch Geld. Wir werden Ihnen keine Maßnahmen empfehlen, die unter das Motto „Sparen, was es auch kosten mag" fallen. Es gibt bereits zu viele Geschäftemacher die Produkte empfehlen, die als „unheimlich energiesparend" deklariert werden, aber das Vielfache von dem kosten, was sie tatsächlich an Einsparungen einbringen. Viele dieser Produkte bringen auch der Umwelt keine Vorteile, da bereits bei ihrer Herstellung oft mehr Energie verbraucht wird, als sie je einsparen können.

Gute Technik kann uns jedoch beim Energiesparen behilflich sein. Was noch besser ist: Gute Geräte sparen vollautomatisch, wie es z. B. eine energiesparende Waschmaschine macht. Da brauchen wir uns nicht mehr darum zu kümmern, ob sie zu viel Wasser oder Strom verbraucht. Dasselbe gilt auch für energiesparende Kühl- und Gefrierschränke sowie einige andere Haushaltsgeräte.

Wir können auf diesem Gebiet gezielt mitwirken. Meistens genügt es, wenn auf verschiedene Grundregeln geachtet wird, deren Einhaltung keine besondere Mühe macht und sich energiesparend auswirkt. Beispiele dafür gibt es viele: Bei einem Kühlschrank sollte man die Tür niemals unnötig lange offen

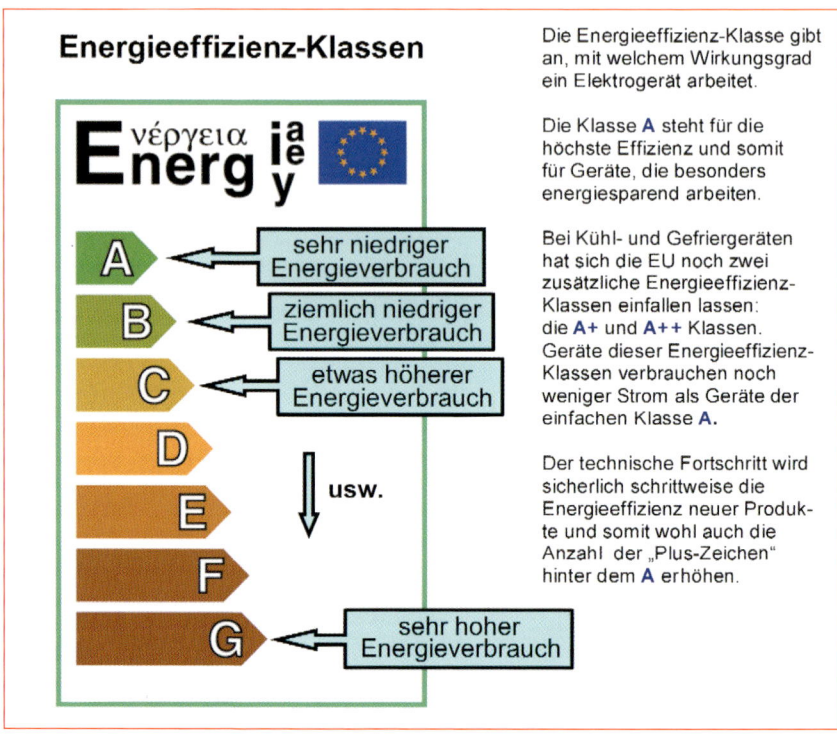

Die Energieeffizienz-Klasse gibt an, mit welchem Wirkungsgrad ein Elektrogerät arbeitet.

Die Klasse **A** steht für die höchste Effizienz und somit für Geräte, die besonders energiesparend arbeiten.

Bei Kühl- und Gefriergeräten hat sich die EU noch zwei zusätzliche Energieeffizienz-Klassen einfallen lassen: die **A+** und **A++** Klassen. Geräte dieser Energieeffizienz-Klassen verbrauchen noch weniger Strom als Geräte der einfachen Klasse **A**.

Der technische Fortschritt wird sicherlich schrittweise die Energieeffizienz neuer Produkte und somit wohl auch die Anzahl der „Plus-Zeichen" hinter dem **A** erhöhen.

halten. Das Gerät wärmt sich sonst innen zu sehr auf und verbraucht danach viel Energie, um wieder herunterzukühlen. Ähnliches gilt für das Abschalten von Licht in Räumen, die man verlassen hat, das Herabdrehen der Heizkörper in Räumen, die an dem Tag nicht benutzt werden usw. Und bei der Anschaffung neuer Geräte sollte auch angemessen darauf geachtet werden, inwieweit sie tatsächlich auch energiesparend arbeiten.

Leider spart man mithilfe solcher Geräte nicht automatisch den

Aufpreis ein, der für die Energieeinsparung bezahlt wurde. Viele der Geräte können gar nicht von sich aus elektrischen Strom oder Heizkosten sparen. Vor allem dann nicht, wenn ihre Anwendung nur unkontrollierbar stattfindet oder wenn sie dazu in Hinsicht auf ihre Energienutzung gar nicht fähig sind. So hilft z. B. ein teurer Heizkessel einer Zentralheizung mit allen seinen „Schnickschnacks" nur wenig die Heizkosten einzusparen, wenn die Heizkörper im Haus noch mit alten mechanischen

Thermostaten versehen sind, die meist voll aufgedreht sein müssen, da sie zu träge auf Veränderungen der Temperatur reagieren.

Wer es zu Hause gemütlich haben will (und das wollen wir eigentlich alle), dreht in der Regel die Heizkörperthermostate eher etwas höher auf, als es eigentlich erforderlich wäre. Das hat oft eine Berechtigung: Es ist nicht gerade angenehm, am frühen Morgen in einer kalten Behausung aufzuwachen und die Heizkörper, die man über Nacht zugedreht hat, erst dann wieder „zum Leben erwachen", wenn man die Wohnung oder das Haus verlassen hat.

Dasselbe gilt auch für Zeitspannen, in denen die Wohnung quasi „vorprogrammiert" menschenleer ist. Sie kann kostensparend kühler gehalten werden, sollte aber wiederum angenehm warm sein, wenn der erste Bewohner (von der Arbeit oder aus der Schule) zurückkehrt. Solange jedoch die alten mechanischen Thermostate z. B. nicht durch modernere energiesparende Thermostate ausgetauscht werden, lässt sich eine effiziente Einsparung der Heizkosten kaum bewältigen.

Das vorhergehende Beispiel ist nur eines von vielen, wohl aber ein gutes Beispiel, wie man leicht, relativ kostengünstig und ohne Einbußen am Wohlbefinden die Heizkosten verringern kann. Vergleichbares gibt es auch z. B. in Bezug auf Einsparungen beim Stromverbrauch.

Abgesehen von der kostenlosen Energie der Sonne, die unseren Lebensraum und somit auch unsere Häuser aufwärmt, verbrauchen wir im privaten Bereich überwiegend zwei Sorten Energie: elektrischen Strom und Heizstoffe. Unter Umständen benötigen wir auch noch etwas Treibstoff für einen Benzinrasenmäher oder Rasentraktor, aber das sind nur relativ geringe Mengen.

Der elektrische Strom ist in Deutschland teuer und so entfällt auf den Stromverbrauch etwa ein Drittel der Kosten, die in unseren Haushalten für „bezogene Ener-

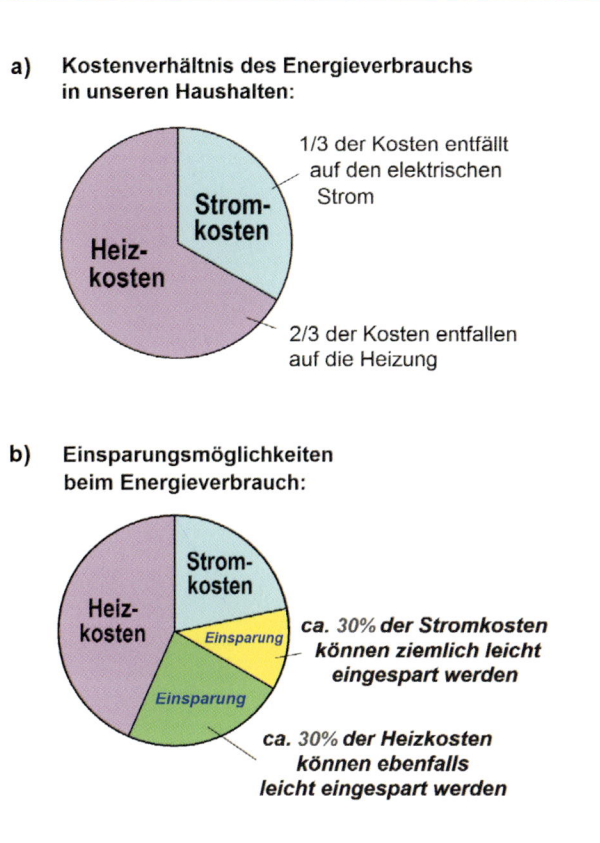

a) **Kostenverhältnis des Energieverbrauchs in unseren Haushalten:**

Strom-kosten
Heiz-kosten

1/3 der Kosten entfällt auf den elektrischen Strom

2/3 der Kosten entfallen auf die Heizung

b) **Einsparungsmöglichkeiten beim Energieverbrauch:**

Strom-kosten
Heiz-kosten
Einsparung
Einsparung

ca. 30% der Stromkosten können ziemlich leicht eingespart werden

ca. 30% der Heizkosten können ebenfalls leicht eingespart werden

Abb. 1.1 – a) Das durchschnittliche Kostenverhältnis des Energieverbrauchs in unseren Haushalten; **b)** Einsparungsmöglichkeiten, die in diesem Buch erläutert werden.

gie" durchschnittlich anfallen. Der Rest entfällt auf die Heizung bzw. auf Brennstoffe. *Abb. 1.1* zeigt bildlich die „Portionen" des Energieverbrauchs und die Größe der „Spielflächen", in denen relativ leicht Einsparungen zu erzielen sind.

Wer mit Gas kocht und backt, schneidet finanziell etwas besser ab, als der, der einen Elektroherd benutzt, denn Gas oder Heizöl sind in Hinsicht auf ihren **Heiz-**

1 Energie sparen – wo und wie?

wert wesentlich preiswerter als der elektrische Strom. Eine elektrische Heizung ist daher im Vergleich zu einer Gas- oder Öl-Zentralheizung mehr als doppelt bzw. bis zu dreimal so teuer – was allerdings von den jeweiligen Preisen und den ihren Preis erhöhenden „Steuern auf Steuern" abhängt.

Einen Vergleich der angesprochenen Heizleistungen in Kilowattstunden (kWh) zeigt *Tabelle 1.1*.

Wir haben in der Tabelle 1.1 auch die Heizleistung einiger weiterer Brennstoffe aufgeführt. Der Heizwert eines Brennstoffs oder einer Energie lässt sich am einfachsten mit einem konkreten Vergleich erläutern:

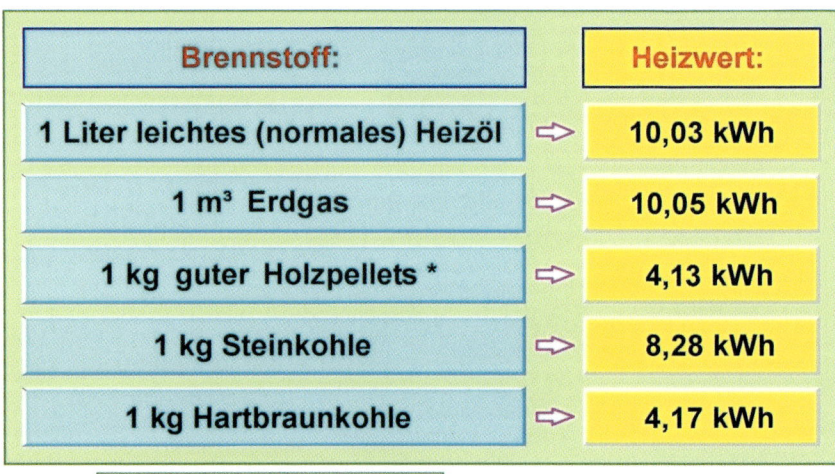

Brennstoff:		Heizwert:
1 Liter leichtes (normales) Heizöl	⇨	10,03 kWh
1 m³ Erdgas	⇨	10,05 kWh
1 kg guter Holzpellets *	⇨	4,13 kWh
1 kg Steinkohle	⇨	8,28 kWh
1 kg Hartbraunkohle	⇨	4,17 kWh

* durchschnittlicher Energieinhalt

Tab. 1.1 – Vergleich der Heizleistungen diverser Brennstoffe

Mit einem Liter Heizöl oder einem Kubikmeter (m³) Gas erzeugt man annähernd dieselbe Wärme bzw. bringt man – laut Tabelle 1.1 – dieselbe Menge Wasser zum Kochen wie mit etwa 2,42 kg Holzpellets (2,42 x 4,13 kWh = ca. 10 kWh) oder mit 10 kWh elektrischen Stroms.

2 Wie kann man am besten Heizkosten sparen?

Keine Angst, wir fangen nicht mit dem etwas fraglichen Rat an, sich zu Hause wie Eskimos anzuziehen. Wir werden Ihnen auch keine Maßnahmen vorschlagen, die Ihnen das Leben erschweren oder den Spaß am Leben verderben. Im Gegenteil! Mit der Einsparung der Heizkosten ist es nämlich gar nicht so schwer, wenn man gezielt dort zu sparen beginnt, wo unnötige Verschwendung nichts bringt.

Man kann kostenbewusst heizen und es dennoch immer angenehm warm haben, wenn z. B. Räume im Haus nur zu den Zeiten beheizt werden, zu denen sie auch genutzt werden. Schaltet man darüber hinaus noch intelligente elektronische Geräte für die automatische Steuerung der Beheizung einzelner Räume ein, erspart man sich zudem das Auf- und Zudrehen der Heizkörperthermostate.

Heizkosteneinsparungen können bekanntlich auch durch viele weitere Maßnahmen erzielt werden: Sie beginnen bereits beim Hausbau mit der Anwendung von Tonziegeln anstelle der „eiskalten" Betonsteine für die Kellermauern und enden bei einem gut wärmegedämmten Dach. Einen sehr wichtigen Stellenwert hat dabei die Beheizung des Hauses, die gegenwärtig überwiegend mittels einer Zentralheizung bewerkstelligt wird.

Eine Heizungsanlage kann nach *Abb. 2.1* in drei Funktionseinheiten eingeteilt werden: in den Heizkessel, in die Leitungen und in die Heizkörper (Radiatoren).

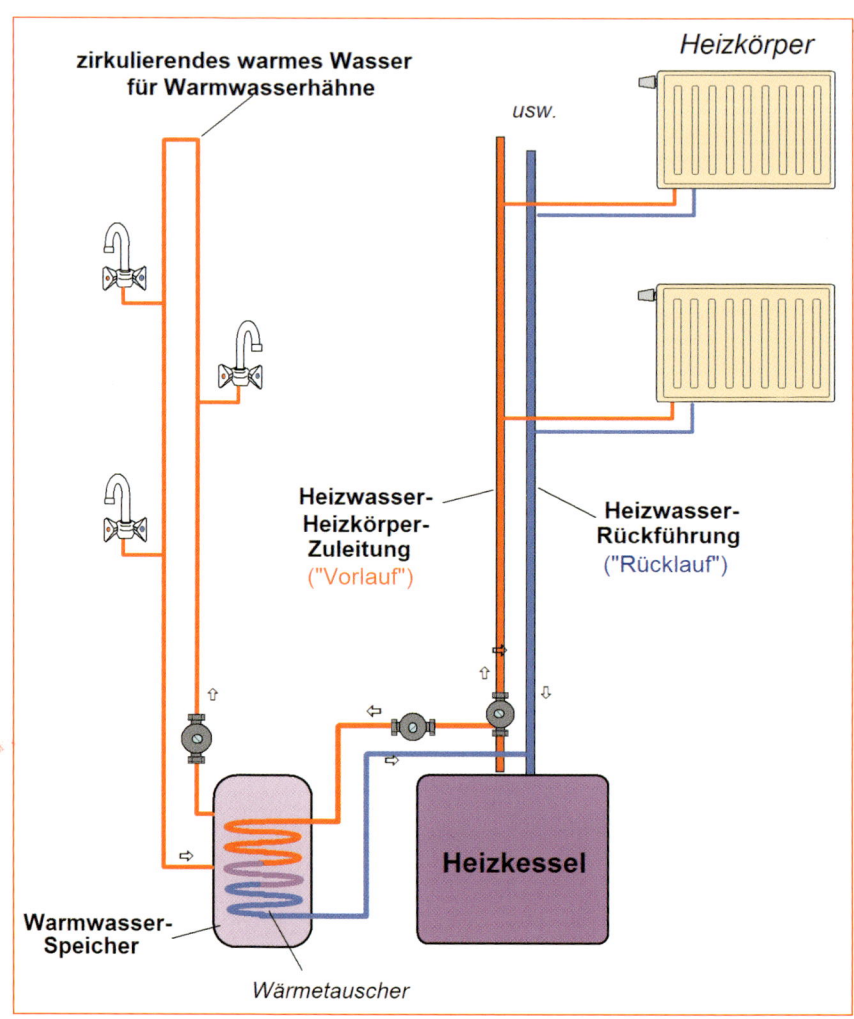

Abb. 2.1 – Eine gängige Zentralheizungsanlage besteht aus drei Funktionsteilen, die eine große Spielfläche für die Heizkosteneinsparung bieten: aus den Heizkörpern, aus dem Heizkessel und aus den Heizwasser- und Warmwasserleitungen.

2.1 Energiesparende Heizkörperregelung

Viele Leser dieses Buches leben möglicherweise in Miet- oder Eigentumswohnungen und können somit nach Heizkosteneinsparungen nur im Zusammenhang mit den Heizkörpern suchen. Wir fangen daher mit den Heizkörpern an.

Vergleicht man die Funktion eines „normalen" Heizkörpers z. B. mit der Funktion einer Waschmaschine, entsteht der Eindruck, dass sich die meisten Heizkörper verhalten wie eine Waschmaschine, die ununterbrochen läuft – egal, ob in ihr Wäsche steckt oder nicht. Eine moderne Waschmaschine ist jedoch so ausgetüftelt, dass sie energiesparend präzise nur das macht, was von ihr erwartet wird. Sie ist mit vielen Sensoren und Steuerungen versehen, die darauf achten, dass ja keine unnötige Energie verschwendet wird.

Und unsere Heizkörper? Die hinken, was ihre „Steuerung" anbelangt, weit hinter der Steuerung einer modernen Waschmaschine her. Das Einzige, was Sie als Temperaturregelung haben, ist der sehr einfache Thermostat. Er erfüllt seine Aufgabe nur nach Maßstäben, die sowohl in Hinsicht auf die Fähigkeiten der modernen Technik als auch in Hinsicht auf eine sinnvolle Energieeinsparung eigentlich nur als Überbleibsel aus der Vergangenheit eingestuft werden dürften.

Der mechanische Heizkörperthermostat hat – im Vergleich mit einer modernen Heizkörpertemperatursteuerung – gleich mehrere Nachteile:

- Sein Wärmesensor misst nur die Lufttemperatur am Heizkörper und nicht die tatsächliche Temperatur im Raum.

- Ein rein mechanischer Heizkörperthermostat reagiert nicht ausreichend flexibel auf Temperaturschwankungen im Raum. Wenn z. B. warme Sonnenstrahlen durch das Fenster oder durch die Terrassentür spürbar (bis unangenehm) die Raumtemperatur erhöhen, wird viel Heizenergie verbraucht, bevor der Heizkörperthermostat darauf reagiert.

- Heizkörper, die unter einem Fenster angebracht sind, reagieren auf das Öffnen des Fensters mit einer „Wärme-Salve", die unerwünschte Heizenergieverluste zur Folge hat. Es wird zwar empfohlen, vor dem Öffnen des Fensters den Heizkörperthermostat zuzudrehen und erst nach dem Schließen des Fensters wieder – auf die ursprüngliche Stufe – zu öffnen, in der Praxis gibt es aber nur wenige Menschen, die sich für solch aufwendiges „Hin und Her" begeistern.

2.2 Wissenswertes über herkömmliche Heizkörperregelungen

Ursprünglich hatten die Heizkörper nur ein einfaches Ventil (= Wasserhahn), mit dem man den Zulauf des heißen Wassers in den Heizkörper manuell einstellen konnte. Wurde es in dem Raum zu heiß, hat man diesen „Wasserhahn" einfach etwas mehr zugedreht, um den Heizwasserdurchlauf durch den Heizkörper zu verringern – und umgekehrt.

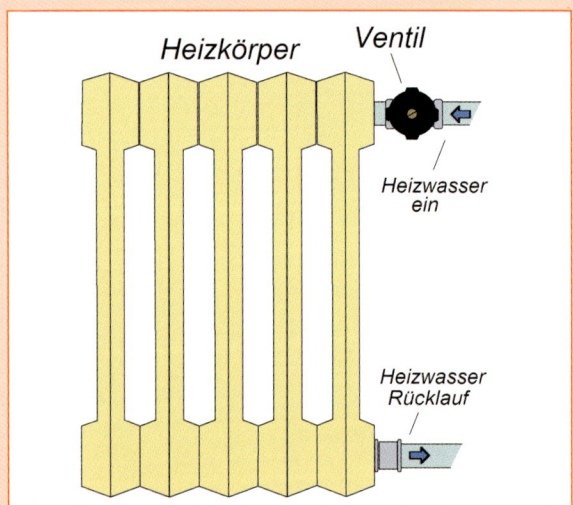

Heizkörper — *Ventil*

Heizwasser ein

Heizwasser Rücklauf

Die Temperatur in dem Raum war dann meist entweder zu hoch oder zu niedrig, aber selten optimal. Und mit den Heizkosten hat man es „damals" noch nicht so eng gesehen.

Im herkömmlichen Thermostatkopf ist ein regelbares, temperaturempfindliches Bimetall, das den federnden Stift des Heizkörperventileinsatzes mehr oder weniger eindrückt und somit den Heizwasserdurchlauf des Heizkörpers regelt. Bei dieser Temperaturregelung orientiert sich der Thermostat jedoch zu sehr an der Temperatur des Heizkörpers sowie auch an der Temperatur der Luft in direkter Heizkörpernähe und nimmt die tatsächliche Raumtemperatur nur indirekt wahr.

Dies hat zur Folge, dass während der Heizperiode die Raumtemperatur zu große Schwankungen bzw. Sprünge aufweist, bei denen es zu unnötiger Heizkostenverschwendung kommt: Scheint die Sonne plötzlich kräftiger durch die Terrassentür ins Wohnzimmer, steigt die Raumtemperatur von angenehmen 21-21,5 °C auf beispielsweise 24 °C. Der Raum wird also unangenehm warm, die Heizkörper heizen aber fleißig weiter, denn die mechanischen Thermostate reagieren viel zu träge. Über Nacht, wenn wir schlafen, wird die Raumtemperatur im Wohnzimmer oder in der Küche um einige Grad heruntergedreht. Dann ist es aber am Morgen in den Räumen wiederum zu kalt, usw. Fazit: Die mechanischen Thermostate entsprechen einfach nicht mehr den Anforderungen unserer Zeit und wirken sich recht energieverschwendend aus.

2.2 Wissenswertes über herkömmliche Heizkörperregelungen

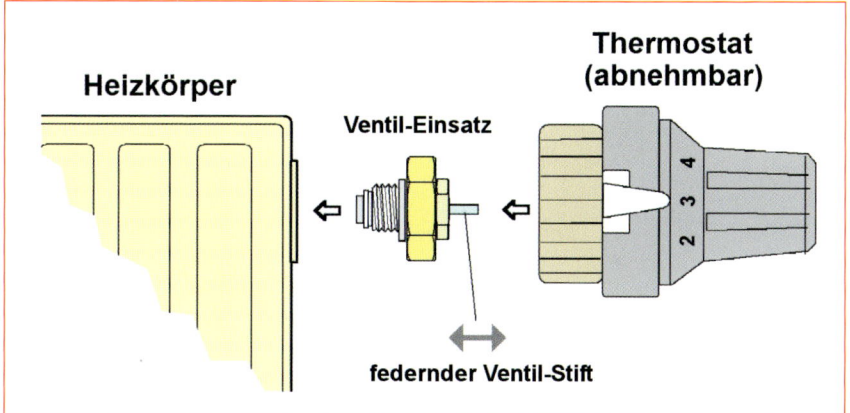

Heizkörper

Ventil-Einsatz

Thermostat (abnehmbar)

federnder Ventil-Stift

Abb. 2.2 – Der Ventileinsatz ermöglicht die Regelung der Heiztemperatur an einem Zentralheizungs-Heizkörper, für die bei herkömmlichen Heizkörpern ein mechanischer Thermostat zuständig ist, der auf dem Ventileinsatz eingeklickt oder aufgeschraubt ist. Später entwickelte man den Heizkörperthermostat. Das ursprüngliche Ventil mit Drehknopf wurde durch ein einfacheres Ventil (Ventileinsatz) nach *Abb. 2.3* ersetzt, das nur federnd den Heizwasserzulauf (den so genannten „Vorlauf") regelt. Es funktioniert ähnlich wie das Ventil am Fahrrad- oder Autoradschlauch, verhält sich aber umgekehrt: Voll eingedrückt schließt es und losgelassen öffnet es den Wasserzulauf.

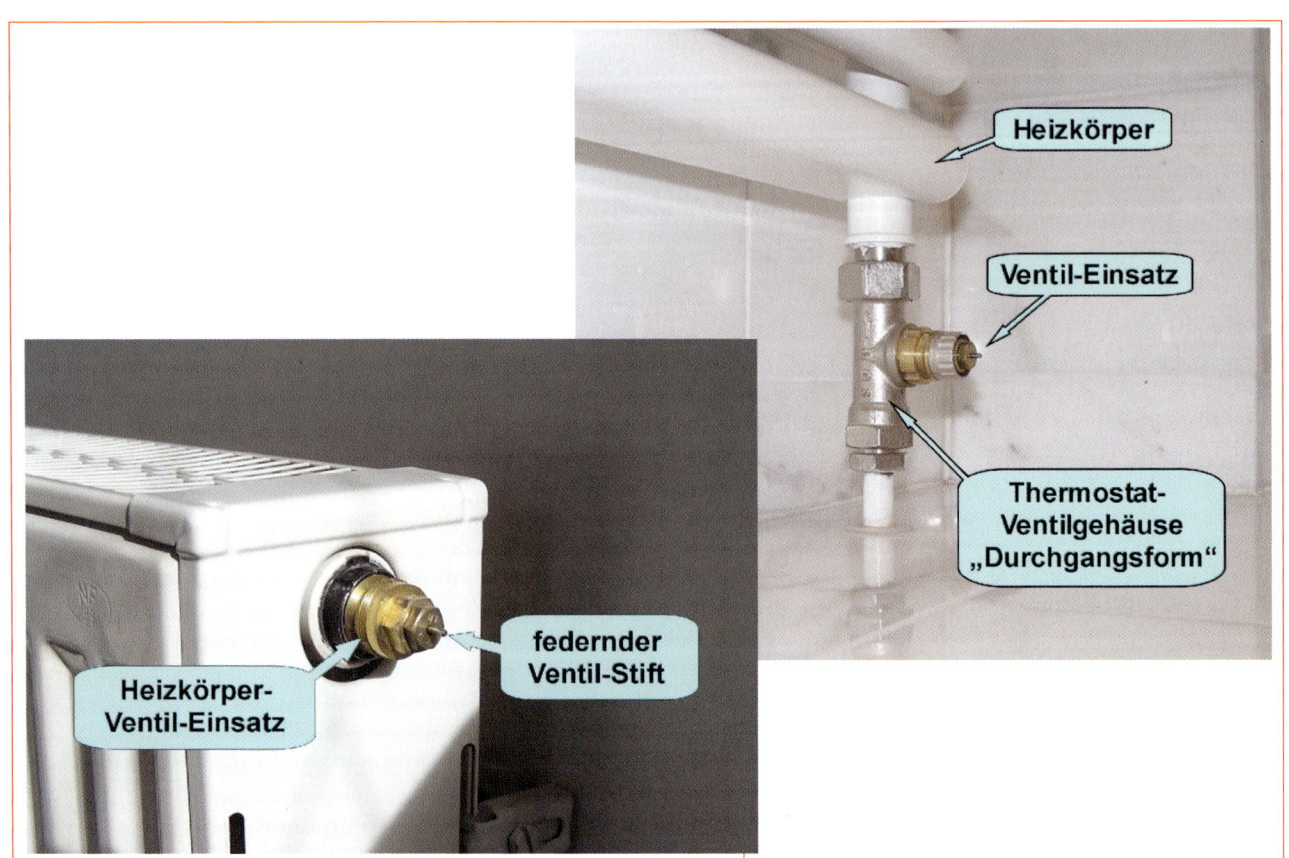

Abb. 2.3 – Jeder Heizkörper verfügt über einen eigenen Ventileinsatz: In den meisten Heizkörpern ist der Ventileinsatz direkt eingeschraubt (links). Bei einigen Heizkörpern befindet sich der Ventileinsatz in der Heizwasserzuleitung bzw. im „Vorlauf" (rechts).

Der Ventileinsatz (*Abb. 2.2*) ist in den meisten Heizkörpern herstellerseitig eingeschraubt *(Abb. 2.3 links)* oder er befindet sich an ihren Zuleitungen *(Abb. 2.3 rechts)*, wo er ebenfalls nur eingeschraubt ist. Er kann bei Bedarf leicht ausgewechselt werden – was jedoch beim Ersetzen des Thermostatkopfes nicht erforderlich ist (siehe hierzu auch S. 55).

3 Energiesparende elektronische Heizkörperregelung

3 Energiesparende elektronische Heizkörperregelung

Möchte man etwas automatisch perfekt regeln, muss die Elektronik zur Hilfe genommen werden. Von solchen Steuerungen machen unsere Waschmaschinen, Wäschetrockner, Kühlschränke und viele andere Haushaltsgeräte schon seit etwa einem halben Jahrhundert fleißig Gebrauch. Solche Geräte erleichtern uns das Leben. Das trifft auch auf die moderne Elektronik bei der energiesparenden Heizkörperregelung zu. Dass es bis heute nicht zur Normalität geworden ist, dass an neu installierten Heizkörpern automatisch auch elektronische Heizkörperregelungen montiert sind, ist eigentlich bedauerlich und fällt vielleicht unter das Sprichwort „Gut Ding will Weile haben".

Zum Glück sind diese Systeme inzwischen derartig anwenderfreundlich entwickelt, dass sie auch ein Heimwerker leicht selbst anbringen, aufstellen und in Betrieb nehmen kann – was vor allem mithilfe dieses Buches problemlos zu bewerkstelligen sein dürfte.

Elektronische Regelsysteme der Raumtemperatur ermöglichen eine wirkungsvolle, heizkostensparende Regelung der einzelnen Räume nach individuell eingegebenem Zeitschema. Sie gehören zu den Investitionen, die sich wirklich lohnen, und bringen durch Heizkosteneinsparung das in sie investierte Geld oft bereits nach einer einzigen Heizperiode zurück. Solche modernen Geräte bieten zudem noch viele andere praktische Vorteile, deren Anwendungsmöglichkeiten von ihrer Ausführung abhängen. Erhältlich sind solche Geräte bzw. Funksysteme in fünf Grundausführungen:

a) Elektronische Thermostate
b) Einfache elektronische Funk-Raumregelung der Type FHT 8
c) Elektronische bidirektionale Funk-Raumregelung der Type FHT 80B
d) Funk-Hauszentrale der Type FHZ 1000
e) PC-Funk-Haussteuerungssystem der Type FHZ 1X00 PC (WLAN)

3.1 Elektronische Heizkörperthermostate

Elektronische Heizkörperthermostate sind selbstständige Einzelgeräte, die nach *Abb. 3.1* einfach anstelle des „alten Thermostates" an den Heizkörper aufgesetzt werden und sozusagen als „Solisten" die Temperatur jedes Heizkörpers einzeln regeln. Die Einstellung oder Veränderung der eingegebenen Daten bzw. anderer Funktionen erfolgt manuell an dem elektronischen Thermostat selbst. Der eigentliche Temperatursensor ist allerdings in einem solchen Thermostat integriert. Er misst demzufolge nicht die Temperatur im Raum, sondern die Temperatur in der unmittelbaren Nähe des Heizkörpers. Daher reagiert er im Vergleich mit dem Sensor eines Funk-Raumreglers etwas träger auf plötzliche Veränderungen der Raumtemperatur, die z. B. bei Sonneneinstrahlung durch die Terrassentür oder durch die Fenster den Raum auch während der kalten Jahreszeit oft kräftig durchwärmen.

Abb. 3.1 – Elektronische Thermostate sind als kompakte Einheiten ausgelegt, in denen sowohl die ganze Regelelektronik als auch der kleine Elektromotor des Stellantriebs untergebracht sind.

3.2 Einfache elektronische Funk-Raumregelung

Eine einfache elektronische Funk-Raumregelung der Type **FHT 8** besteht aus einem kleinen Funk-Raumregler *FHT 8R* (Abb. 3.2 oben) und einem oder mehreren **elektronischen** Funk-Stellantrieben *FHT 8V* (Abb. 3.2 unten), die an den Heizkörpern anstelle von den alten mechanischen Thermostaten aufgesetzt sind. Der Raumregler kann nach *Abb. 3.3* bis zu acht Heizkörper-Stellantriebe via Funk steuern: Er vergleicht alle zwei Minuten die tatsächliche Raumtemperatur mit der eingegebenen (einprogrammierten) Soll-Temperatur, sein Regelalgorithmus errechnet aus der Differenz die Steuerungs-Befehle, die der Raumregler an alle seine Funk-Stellantriebe an den Heizkörpern in einem Zweiminutentakt sendet.

Vorteile:

- Alle einzelnen Bausteine sind miteinander via Funk verbunden und benötigen keine Kabelverbindungen (die erforderlichen einfachen Batterien sind preiswert und müssen nur ca. einmal im Jahr erneuert werden – worauf die Geräte jeweils rechtzeitig durch „Vorwarnung" hinweisen). Daher sind sie perfekt zum Nachrüsten geeignet!

- Der Temperatursensor ist nicht mehr am Heizkörper selbst, sondern in dem Funk-Raumregler *(Abb. 3.2)* untergebracht. Er misst daher die tatsächliche Raumtemperatur im Inneren des Raums und nicht die Temperatur, die sich am aufgeheizten Heizkörper staut.

- Die Raumtemperatur kann nach einem selbst gewählten Zeitprogramm an die Lebensgewohnheiten so angepasst werden, dass der Raum zu den Zeiten angenehm warm ist, zu denen er genutzt wird, und dass wiederum die Raumtemperatur energiesparend absinkt, solange der Raum menschenleer ist.

- Obwohl die Raumtemperatur z. B. nachts oder tagsüber (bei Abwesenheit der Bewohner) energiesparend abgesenkt werden kann, schaltet der Raumregler die Radiatoren jeweils rechtzeitig auf die vorgegebene Komforttemperatur um. Der Raum ist somit am Morgen nach dem Aufstehen oder bei der Heimkehr immer angenehm warm.

- Einstellungen des zeitabhängigen Temperaturprogramms müssen nicht jeweils an einzelnen Heizkörpern vorgenommen werden, da nur eine zentrale Einstellung an dem Raumregler erfolgt, der bis zu acht Heizkörper-Stellantriebe im jeweiligen Raum ausgewogen betreuen kann.

- Der Raumregler verfügt über ein zusätzliches „Verkalkungsschutz-Programm": Er fährt einmal wöchentlich all seine Funk-Stellantriebe an den Heizkörpern kurz voll auf und zu, um das Festsetzen (Festkleben) ihrer Ventil-Einsätze durch Kalkablagerung zu verhindern. Dieser Vorgang setzt sich auch außerhalb der Heizperiode fort.

Einschränkung:

- Im Vergleich mit dem anschließend beschriebenen *Raumregler der Type FHT 80B* und der Funk-Hauszentrale *der Type FHZ 1000* verfügt dieser einfache (und kostengünstige) Funk-Raumregler *FHT 8R* nur über einen Funk-Sender, aber über keinen Funk-Empfänger. Er kann daher nicht mit anderen Funkgeräten kommunizieren oder Steuerbefehle von auswärts (z. B. von einer Funk-Hauszentrale, von einem Funk-Tür-/Fenster-Melder oder von einem Telefon) empfangen – was jedoch unter Umständen nicht erforderlich ist.

3.2 Einfache elektronische Funk-Raumregelung

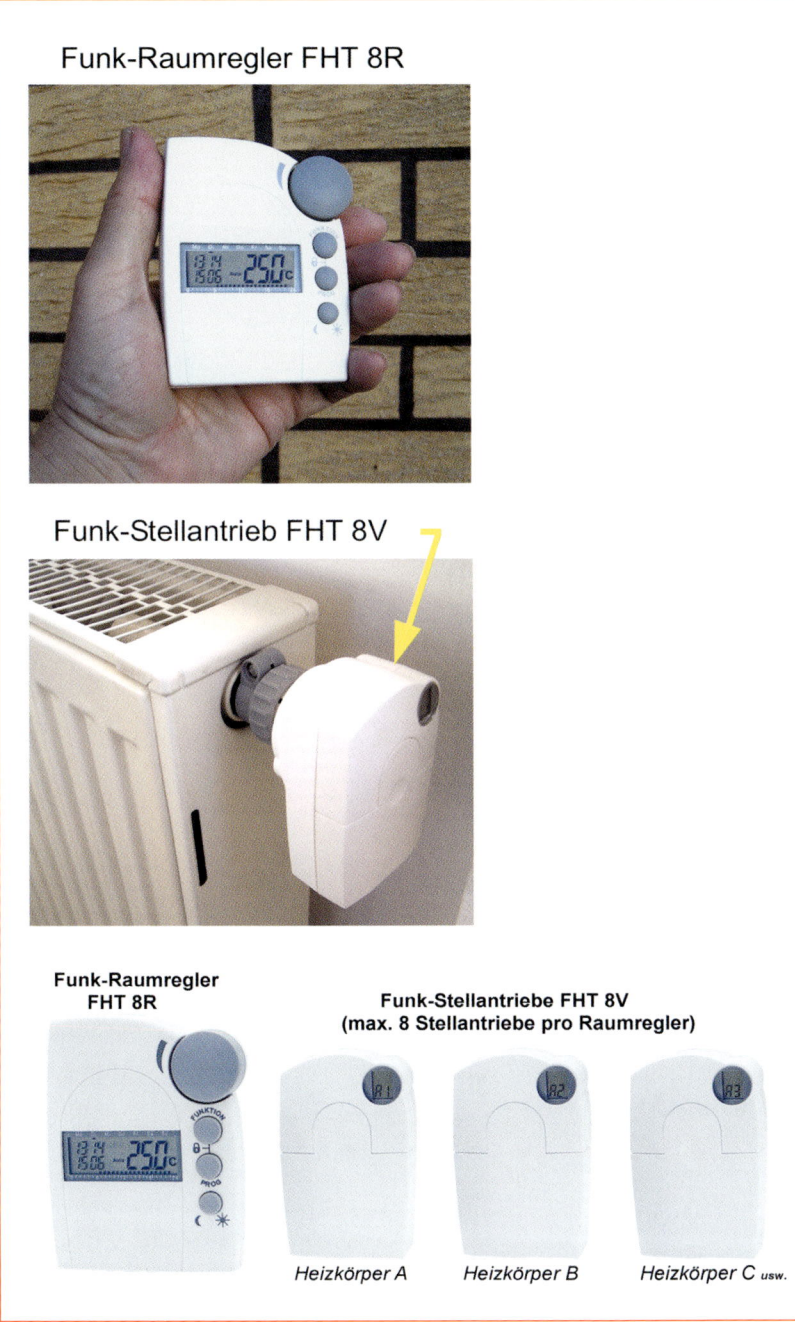

Funk-Raumregler FHT 8R

Funk-Stellantrieb FHT 8V

Funk-Raumregler FHT 8R

Funk-Stellantriebe FHT 8V (max. 8 Stellantriebe pro Raumregler)

Heizkörper A   Heizkörper B   Heizkörper C usw.

Abb. 3.2 – Eine kostengünstige Temperaturregelung in Räumen mit mehreren Heizkörpern bietet das Funk-System, das aus einem Funk-Raumregler *FHT 8R* und einem bis acht elektronischen Funk-Stellantrieben *FHT 8V* besteht

3.2 Einfache elektronische Funk-Raumregelung

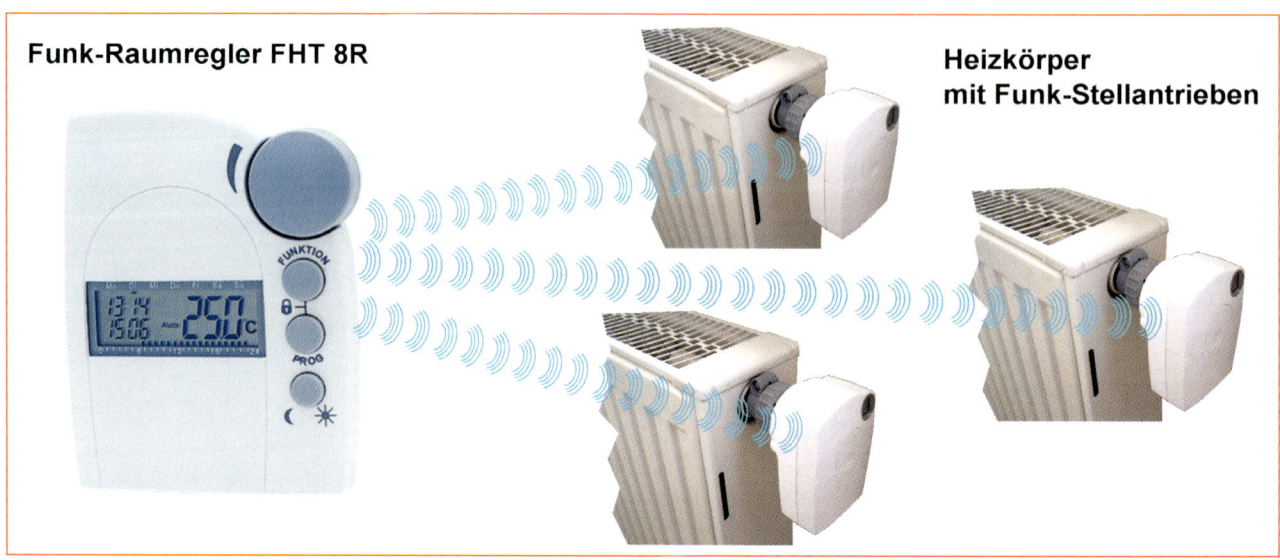

Funk-Raumregler FHT 8R

**Heizkörper
mit Funk-Stellantrieben**

Abb. 3.3 – Der Funk-Raumregler *FHT 8R* sendet alle zwei Minuten seine Steuerbefehle an die Heizkörper-Stellantriebe und regelt optimal die Raumtemperatur nach dem eingegebenen Zeitprogramm.

3.3 Elektronische bidirektionale Funk-Raumregelung

Die elektronische bidirektionale Funk-Raumregelung besteht aus einem Funk-Raumregler **FHT 80B** und zusätzlich aus bis zu acht *elektronischen* Funk-Stellantrieben **FHT 8V**, die an den Heizkörpern angebracht sind.

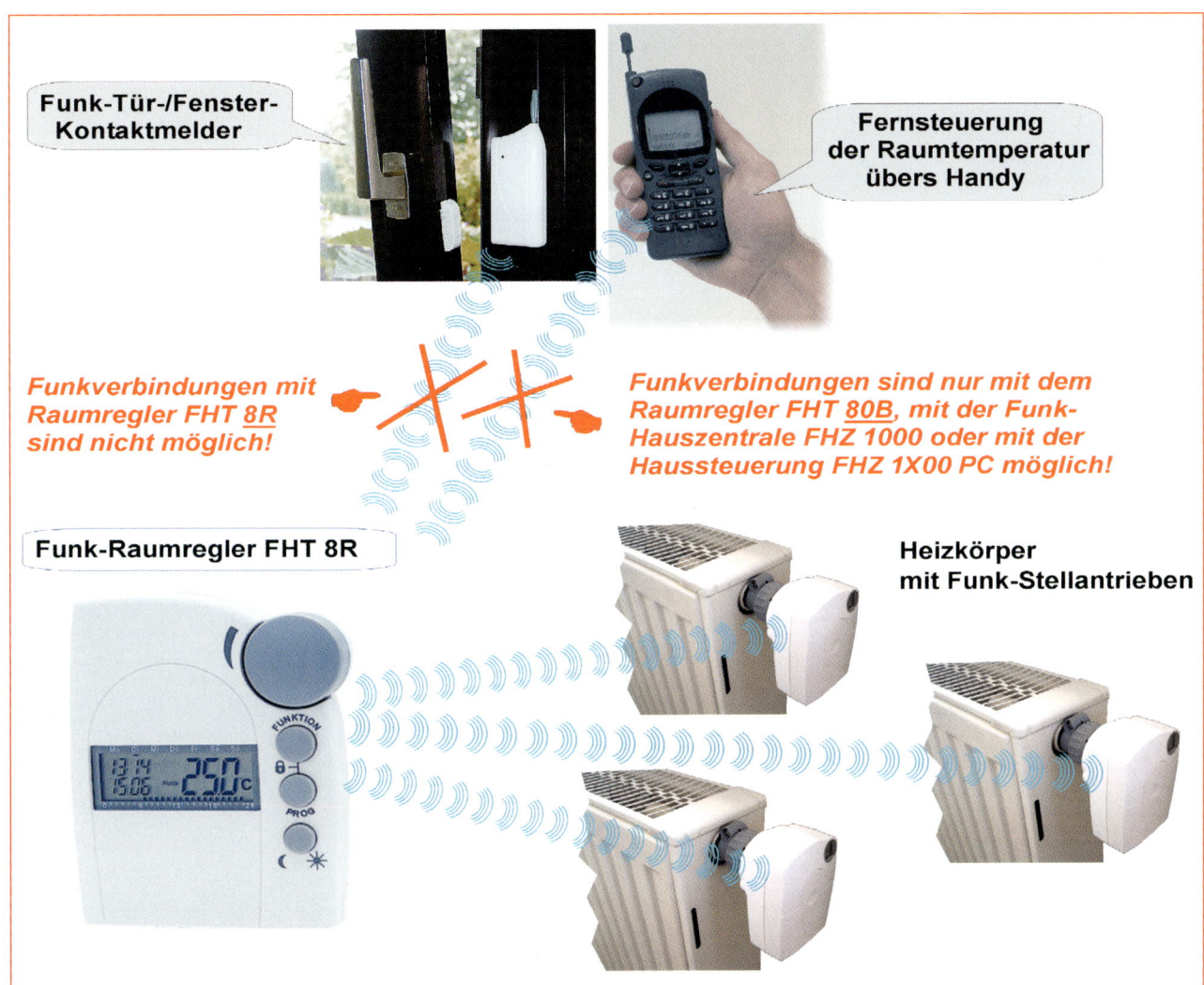

Funk-Tür-/Fenster-Kontaktmelder

Fernsteuerung der Raumtemperatur übers Handy

Funkverbindungen mit Raumregler FHT 8R sind nicht möglich!

Funkverbindungen sind nur mit dem Raumregler FHT 80B, mit der Funk-Hauszentrale FHZ 1000 oder mit der Haussteuerung FHZ 1X00 PC möglich!

Funk-Raumregler FHT 8R

Heizkörper mit Funk-Stellantrieben

Abb. 3.4 – Bitte zu beachten: Der Funk-Raumregler *FHT 8R* kann – im Gegensatz zu den folgenden Raumreglern und Hauszentralen – keine Informationen oder Befehle von auswärts, z. B. einem Funk-Tür-/Fenster-Öffner oder von einem Handy, empfangen.

3.3 Elektronische bidirektionale Funk-Raumregelung

Die eigentliche Steuerung der Heizkörper unterscheidet sich hier nicht allzu sehr von der, die im Zusammenhang mit dem *Raumregler FHT 8R* erläutert wurde. Der einzige, wohl aber wichtige Unterschied besteht bei diesem Gerät darin, dass es bidirektional (= in beide Richtungen) mit anderen kompatiblen Geräten (der FS20-Systemgruppe) kommunizieren kann, wie das einfache Beispiel in *Abb. 3.5* zeigt.

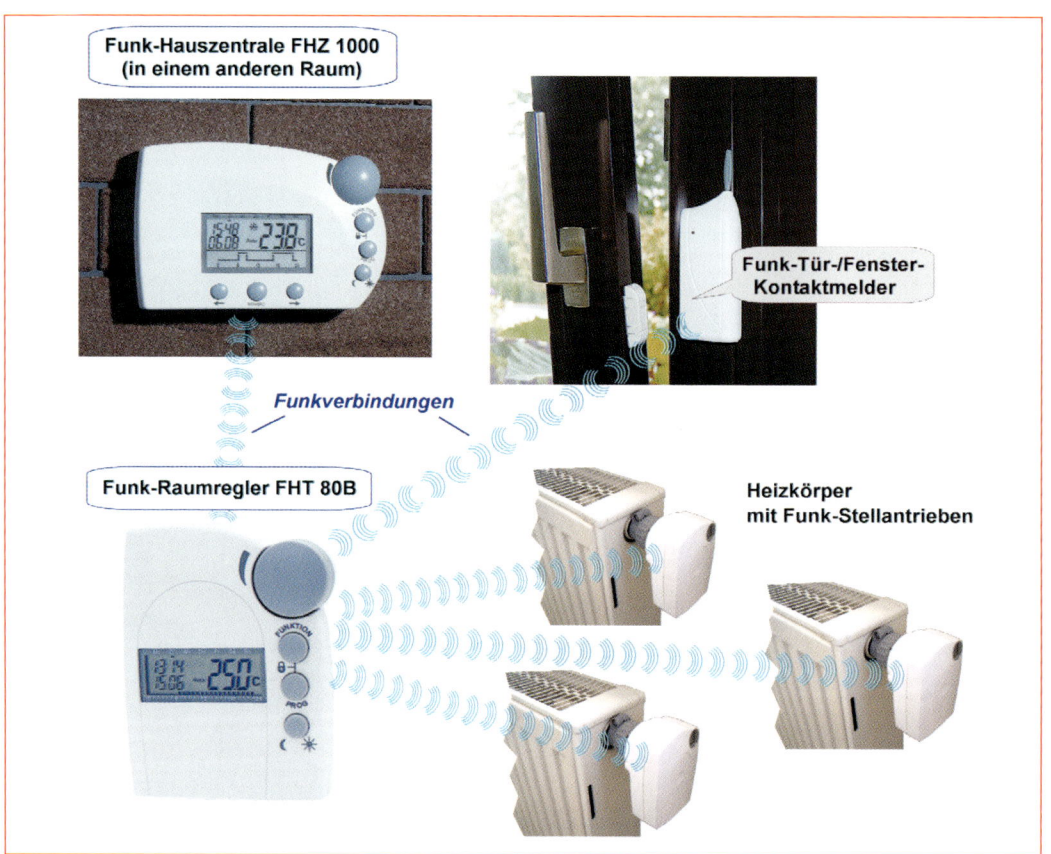

Abb. 3.5 – Der Funk-Raumregler *FHT 80B* kann bis zu acht *Heizkörper-Funk-Stellantriebe FHT 8V* betreuen und gleichzeitig mit anderen Geräten kommunizieren: In diesem Beispiel kann er von einer Funk-Hauszentrale diverse Befehle oder Meldungen erhalten und von einem Funk-Fensterkontakt gewarnt werden, wenn das Fenster geöffnet wird. Er dreht dann vorübergehend automatisch die Heizkörper im Raum zu, um Heizkosten zu sparen und dreht sie wieder auf, sobald das Fenster geschlossen wurde (Näheres darüber erfahren Sie ab Seite 37).

3.4 Funk-Hauszentralen

Als elektronische Funk-Haus-zentralen werden Geräte bezeichnet, die vielseitig ausbaufähig und mit verschiedenen anderen Geräten und Sensoren kombinierbar sind. Sie können mehrere Funk-Raumregler *FHT 80B (nach Abb. 3.6)* sowie den Stellantrieb FHT 8V und diverse weitere Geräte (insgesamt bis zu 15 Empfänger) zentral steuern, regeln und schalten bzw. auf ihre Meldungen reagieren usw. Eine Verbindung mit dem PC, mit Internet oder mit dem Telefon ist ebenfalls leicht machbar und der PC kann dann bidirektional (in beide Richtungen – als Sender oder als Empfänger) genutzt werden. Mehr über diese Möglichkeiten finden Sie in weiteren Kapiteln.

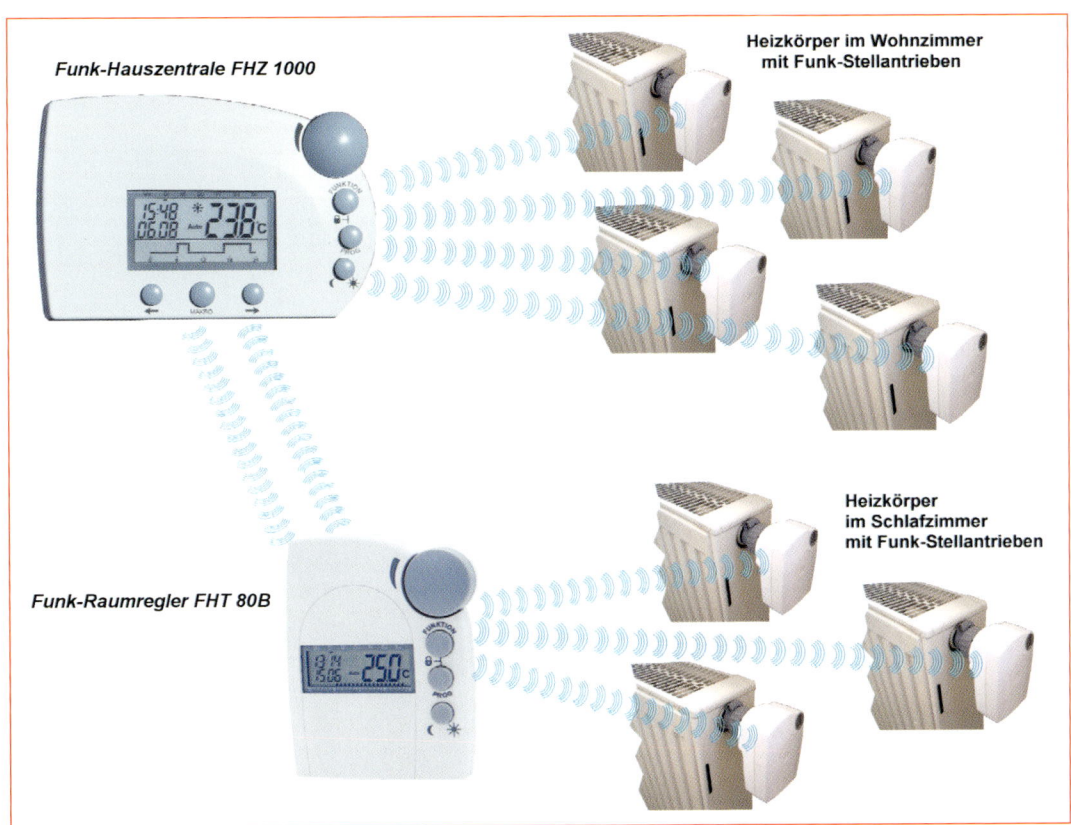

Abb. 3.6 – Die Funk-Hauszentrale *FHZ 1000* kann sowohl eine eigene Gruppe von Heizkörpern als auch eine oder mehrere Heizkörper-Gruppen über den Funk-Raumregler *FHT* 80B zentral steuern.

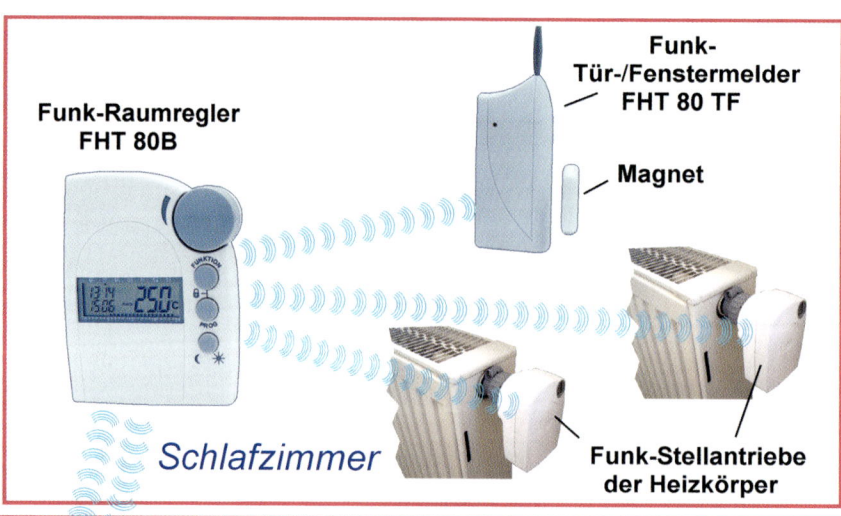

Funk-Raumregler FHT 80B

Funk-Tür-/Fenstermelder FHT 80 TF

Magnet

Schlafzimmer

Funk-Stellantriebe der Heizkörper

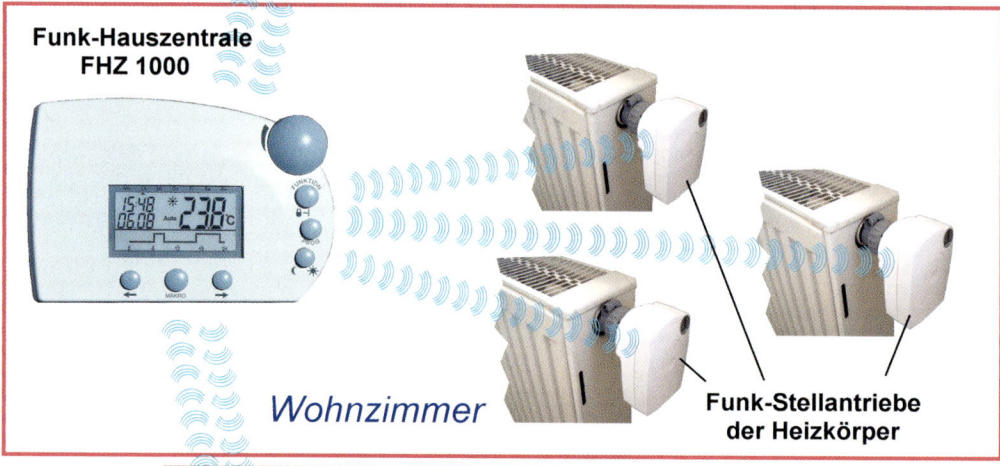

Funk-Hauszentrale FHZ 1000

Wohnzimmer

Funk-Stellantriebe der Heizkörper

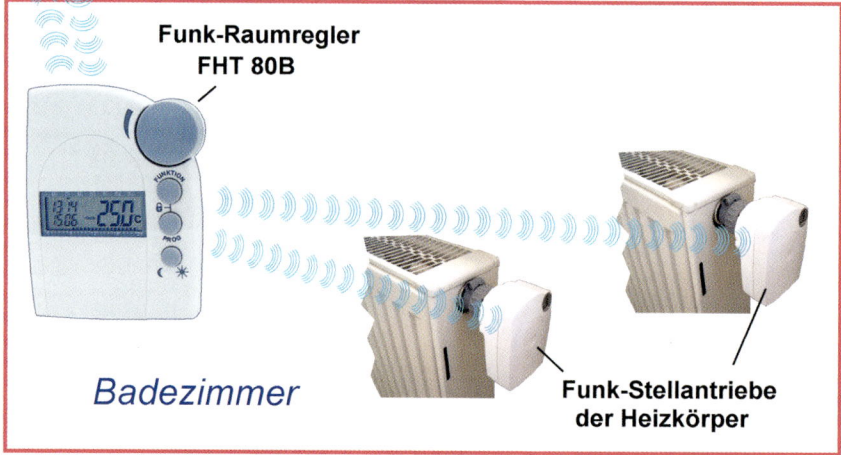

Funk-Raumregler FHT 80B

Badezimmer

Funk-Stellantriebe der Heizkörper

Abb. 3.7 – Beispiel einer unabhängigen Raumtemperatur-Regelung in drei Räumen: Die Raumheizung in dem oben eingezeichneten Schlafzimmer verfügt noch über einen Funk-Tür-/Fenster-Melder.

3.5 Der PC als Hausmeister: Das Funk-Haussteuerungssystem FHZ 1X00 PC

Bei Bedarf können die vorher beschriebenen Funk-Raumregler *FHT 80B* mit einem PC verbunden werden, der als Hausmeister die Regie über alle Steuerungen und Vorgänge führt. Er kann alle Sensoren überwachen, Sensorausfälle oder Alarmmeldungen über alle Wege der modernen Kommunikation weiterleiten, die ermittelten Daten weiter bearbeiten usw.

Benötigt wird eigentlich nur ein einziger Baustein der *Type* **FHZ 1000 PC professional FHZ 1300 PC** oder **FHZ 1300 PC WLAN** *(Abb. 3.8).* Mit diesen Bausteinen wird eine komfortable Software mitgeliefert, die sowohl zu der Ansteuerung der Funk-Raumregler *FHT 80B* als auch zur Ansteuerung der *FS20-* und *HMS-100*-Komponenten vorgesehen ist. Diese Komponenten können nach Bedarf als Funk-Schalter, -Melder und -Steuerungen in das System integriert werden (auf Näheres kommen wir im Kapitel **„Haussteuerung mit Funk-/WLAN-PC-Interface"** zurück).

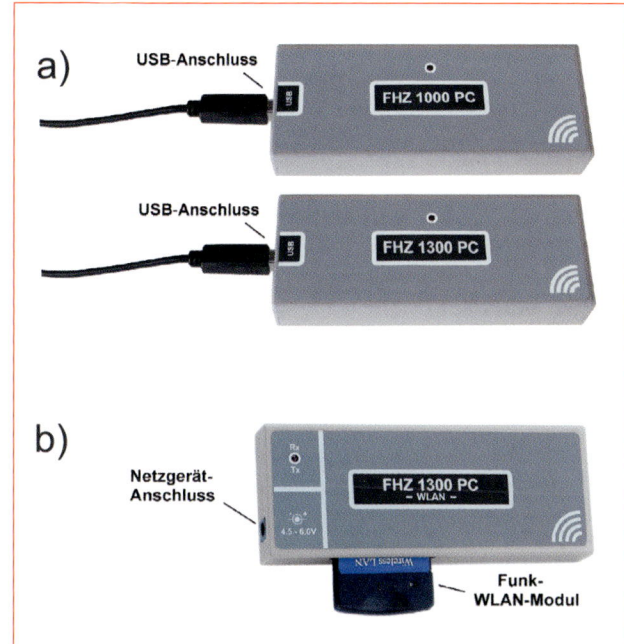

Abb. 3.8 – Ein kleiner zusätzlicher Baustein ermöglicht die Verbindung zwischen der Funk-Hauszentrale und einem PC: **a)** Die *FHZ 1000 PC* und *FHZ 1300 PC* sind mit einem USB-Kabelanschluss versehen, über den sie direkt mit dem PC (= mit seiner USB-Anschlussbuchse) verbunden werden können. **b)** Der *FHZ 1300 PC WLAN* verfügt über ein zusätzliches Funk-WLAN-Modul, das eine kabellose Funkverbindung mit dem PC ermöglicht.

3.5 Der PC als Hausmeister: Das Funk-Haussteuerungssystem „FHZ 1X00 PC"

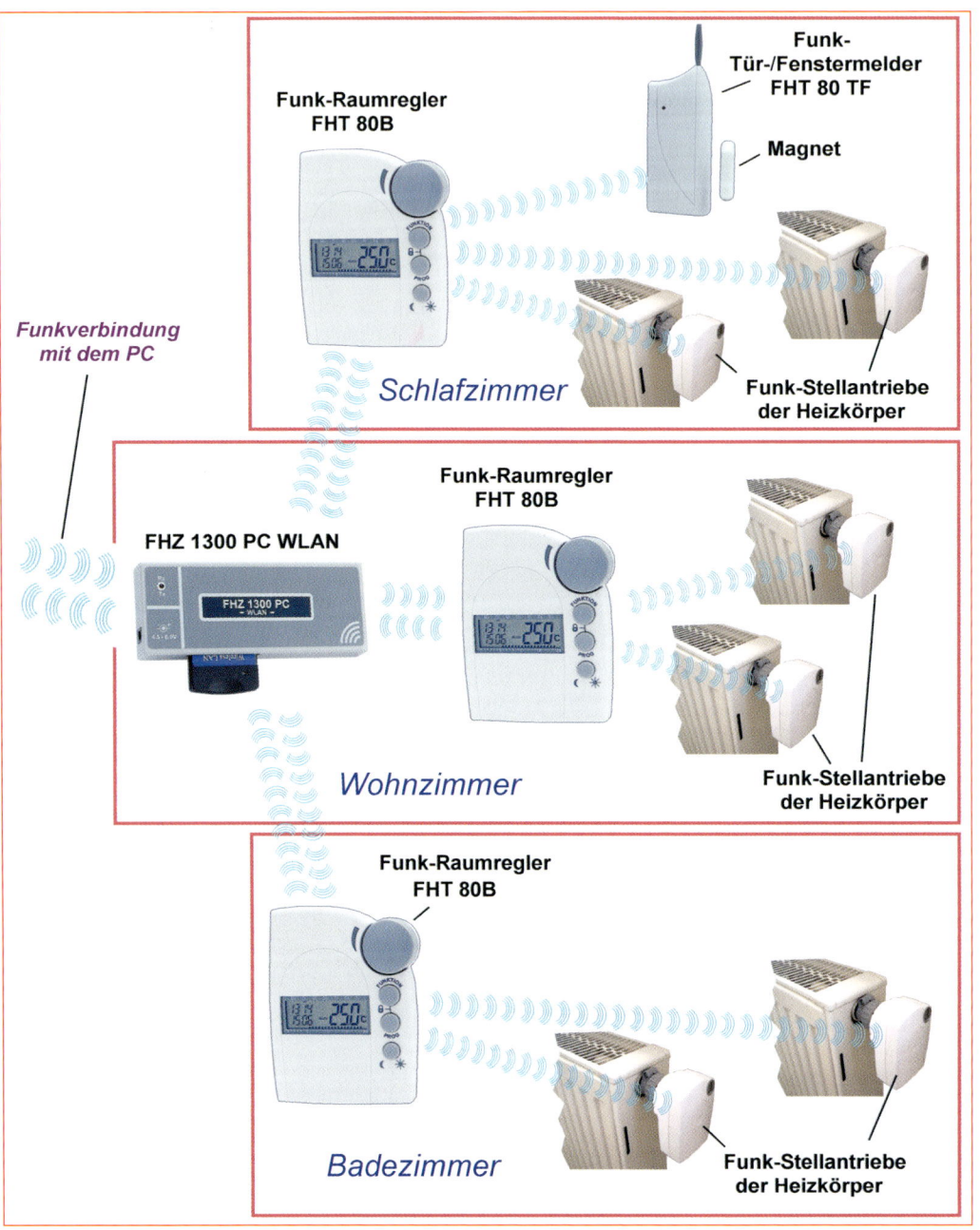

Abb. 3.9 – Mithilfe des *FHZ-1300-PC-*Bausteins übernimmt der PC die Funktion der Funk-Hauszentrale, verwaltet zudem weitere Steuerungen, empfängt Meldungen aller angewendeten System-Sensoren, verknüpft sie unter anderem mit Alarmmeldungen, grafischen Darstellungen auf dem Bildschirm usw.

3.6 Einstellung der Raumtemperatur

Grundsätzlich ist es am praktischsten, wenn der eigentliche Temperatursensor nicht direkt am Heizkörper montiert ist, sondern sich dort befindet, wo der Bedarf an angenehmer Temperatur besteht – also z. B. in einem Raumregler in der Nähe der Couch oder des Esstischs.

Wenn die Raumtemperatur in mehreren Räumen geregelt werden soll, kann dies unter Umständen mit mehreren, unabhängig arbeitenden Funk-Raumreglern der Type *FHT 8R oder FHT 80B (nach Abb. 3.10)* vorgenommen werden. Diese Lösung ist technisch möglich, hat jedoch den Nachteil, dass ein schneller zentraler Zugriff auf alle Regler gleichzeitig nicht möglich ist.

Wer nach und nach die einzelnen Regelungen der Raumtemperatur aufbauen möchte, kann dennoch erst einige der Räume nach dem Beispiel aus *Abb. 3.10* mit einzelnen Funk-Raumreglern ausstatten und eventuell erst später einen der Raumregler durch eine Funk-Hauszentrale *FHZ 1000* oder eine PC-Steuerung *FHZ 1X00 PC* ersetzen. Der „frei gewordene" Raumregler dürfte dann in einem der Räume verwendet werden, die noch auf der Warteliste für eine elektronische Raumregelung stehen.

Die Stellantriebe der Heizkörper im „eigenem" Raum betreut die Funk-Hauszentrale *FHZ 1000* via Funk nach *Abb. 3.12* direkt, die Stellantriebe in anderen Räumen über einzelne Funk-Raumregler der *Type FHT 80B*.

In einem Durchschnitts-Haushalt sind die Ansprüche an das, was als „angenehme" Raumtemperatur empfunden wird, in verschiedenen Räumen unterschiedlich: Die Kü-

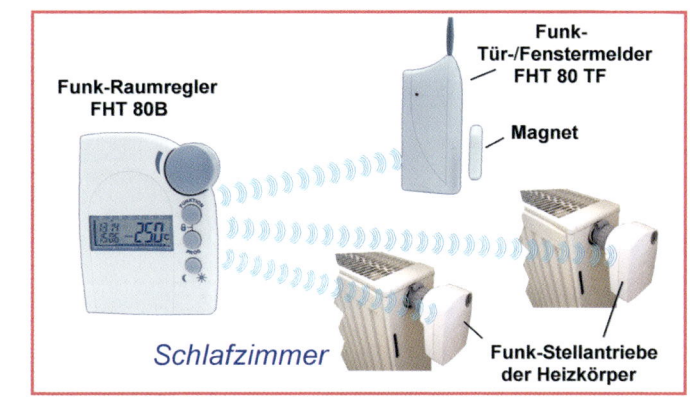

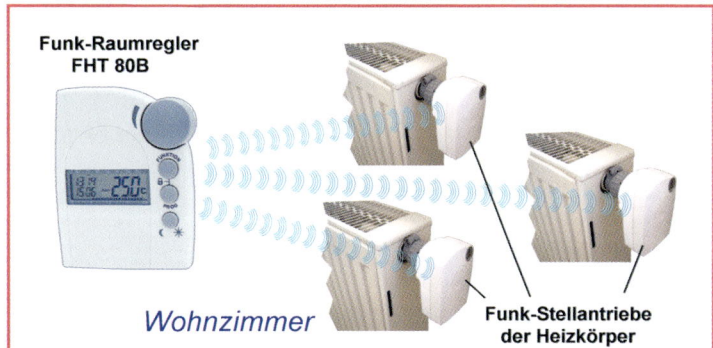

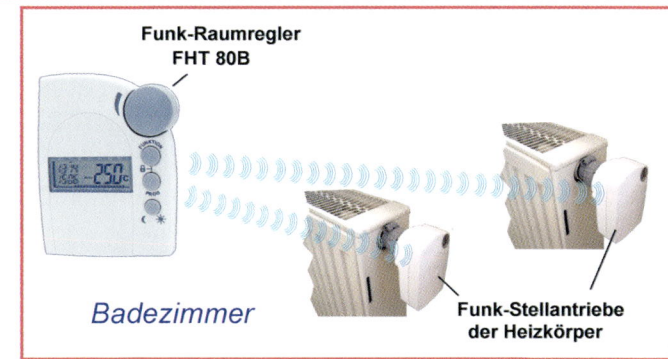

Abb. 3.10 – Eine unabhängige Raumregelung mit selbstständig arbeitenden Funk-Raumreglern ist zwar nach diesem Beispiel technisch möglich, jedoch nicht zentral steuerbar – was aber bei Anwendung der hier eingezeichneten *Raumregler FHT 80B* auch erst später geändert werden kann.

3.6 Einstellung der Raumtemperatur

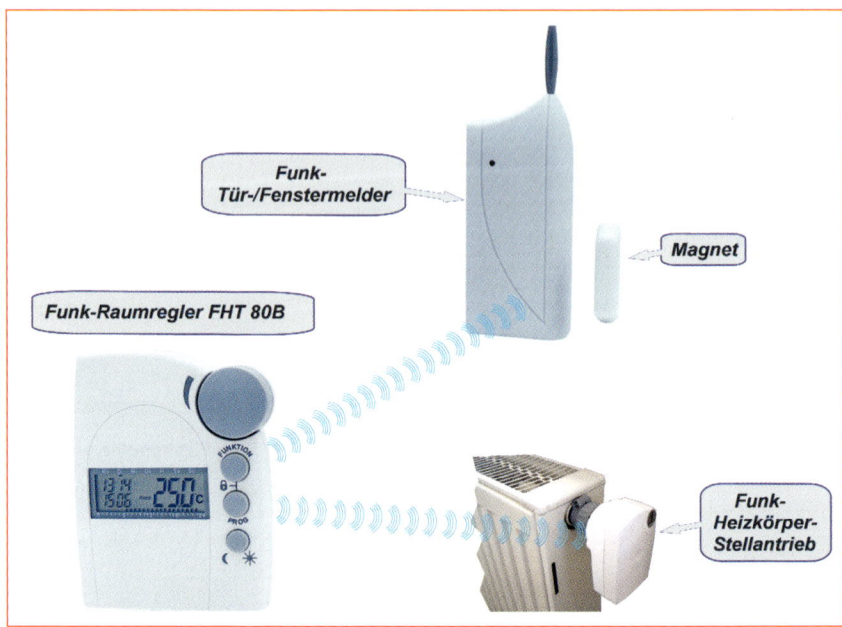

Abb. 3.11 – Der *Funk-Tür-/Fenster-Melder FHT 80 TF* meldet via Funk dem Raumregler, wenn die von ihm überwachte Tür oder das von ihm überwachte Fenster geöffnet bzw. geschlossen wurde. Der Raumregler dreht dann den Heizkörper vorübergehend zu bzw. wieder auf.

che und das Schlafzimmer dürften im Allgemeinem etwas kühler gewünscht sein als das Wohnzimmer, das Bad oder das Kinderzimmer usw. Abgesehen davon braucht in vielen Räumen die Temperatur nicht Tag und Nacht konstant gehalten zu werden. Sie kann vor allem während der Abwesenheit der Bewohner oder nachts um einige Grad sinken und zur gewünschten Zeit wieder vorprogrammiert steigen, damit keine Einbußen im Wohlbefinden in Kauf genommen werden müssen. Jeder der Räume, in denen die Raumtemperatur individuell elektronisch gesteuert werden soll, benötigt seinen eigenen

Raumregler, in dem der Temperatursensor die Raumtemperatur laufend misst und kontrolliert (der Raumregler entfällt allerdings in dem Raum, in dem sich die Hauszentrale befindet).

Das Sympathische an solcher elektronischer Regelung ist, dass sie nur ein einziges Mal vorprogrammiert werden muss. Auch die automatische Umstellung von Sommer-

auf Winterzeit und zurück lässt sich hier einstellen. Danach übernimmt die Regelung selbstständig das ständige Herauf- und Herabdrehen der Heizkörper und spart, ohne jegliche Einbuße an Wohnkomfort, eindrucksvoll die Heizkosten. Gleichzeitig spart sie die Zeit, die ansonsten für das unablässige Umstellen der Heizkörperthermostate anfällt.

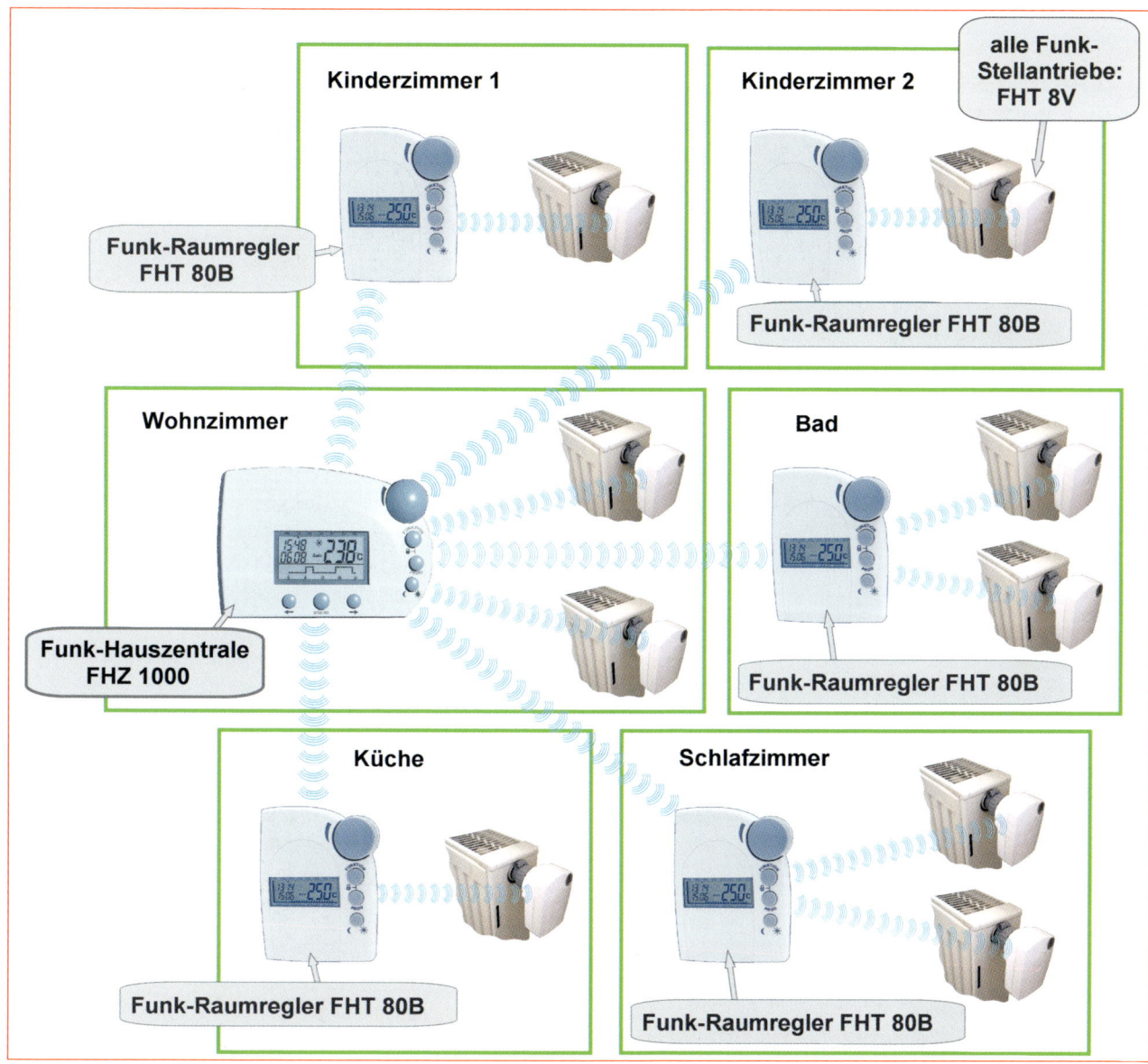

Abb. 3.12 – Die Funk-Hauszentrale *FHZ 1000* kann, ähnlich wie die *Bedien- und Regeleinheit FHT 80B,* bis zu acht Heizkörper-Stellantriebe in dem Raum steuern, in dem sie sich befindet, und zudem in Zusammenarbeit mit einem *FHT-80B*-Raumregler die (oder den) Heizkörper in weiteren Räumen vollautomatisch betreuen: Anordnungsbeispiel einer vollautomatischen Temperaturregelung in sechs Räumen.

3.6 Einstellung der Raumtemperatur

Man muss sich im Prinzip nur ein einziges Mal überlegen (und idealerweise auf einen Zettel notieren), welche Temperatur für welchen Raum, an welchen Tagen und zu welchen Tageszeiten für das Wohlbefinden optimal wäre und anschließend die automatische Temperaturregelung probeweise einprogrammieren.

Stellt sich heraus, dass noch Korrekturen erwünscht sind – kein Problem! Die elektronische Steuerung kann genauso leicht verändert werden, wie die Weckzeit an einem Wecker.

Das an die Lebensgewohnheiten angepasste Zeitprogramm kann ähnlich einfach wie bei jeder Zeitschaltuhr in bis zu vier Schaltzeiten pro 24 Stunden an dem Raumregler eingestellt werden. Werkseitig sind alle erforderlichen Einstellungen des Systems mit einem (vorläufigen) Standardprogramm eingestellt:

- **Heizphase:** Komforttemperatur 21 °C von 6:00 Uhr bis 23:00 Uhr
- **Absenkphase:** Absenktemperatur 17 °C von 23:00 Uhr bis 6:00 Uhr
- **Temperatur bei Fensteröffnung während der Lüftung** (falls ein Funk-Tür-/Fenster-Melder installiert ist): 12 °C
- **Entkalkungsfahrt (**für die Ventil-Einsätze an den Heizkörpern): jeden Samstag um 11:00 Uhr.

Alle diese Einstellungen lassen sich leicht verändern und an die individuellen Bedürfnisse anpassen. Das Programm kann nach Bedarf wahlweise einzeln für jeden Wochentag oder blockweise für Werktage (Montag bis Freitag) und das Wochenende (Samstag und Sonntag) erfolgen.

Eine gute Idee: Solche elektronischen Systeme verfügen über einen entscheidenden Vorteil: Einmal wöchentlich fährt die Regeleinheit automatisch (via Funk) den Ventilantrieb auf und zu und verhindert so,

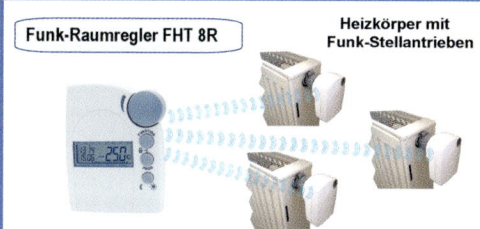

Funk-Raumregler FHT 8R

Heizkörper mit Funk-Stellantrieben

Dieser Funk-Raumregler vefügt nur über einen Funk-Sender, aber über <u>keinen</u> <u>Funk</u>-<u>Empfänger</u> und kann daher mit anderen Funkgeräten nicht kommunizieren. Er eignet sich für die Regelung von bis zu acht Heizkörpern (bevorzugt in einem Raum).

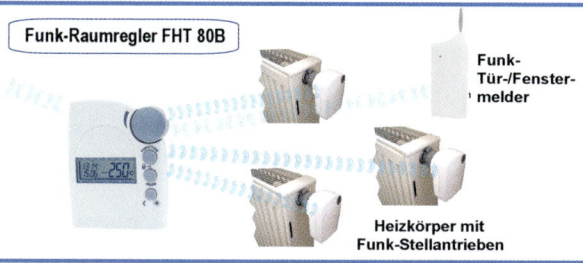

Funk-Raumregler FHT 80B

Funk-Tür-/Fenster-melder

Heizkörper mit Funk-Stellantrieben

Dieser Funk-Raumregler verfügt sowohl über einen Funk-Sender, als auch über einen Funkempfänger und arbeitet „bidirektional" (= in beiden Richtungen). Er kann daher diverse Informationen senden und empfangen. **Der wichtigste Vorteil dieses Raum-reglers** besteht darin, dass er mit der Funk-Hauszentrale FHZ 1000 oder mit der PC-Haus-zentrale FHZ 1X00 PC drahtlos verbunden werden kann und diese dann die zentrale Steuerung (auch von weiteren Raumreglern) voll übernimmt.

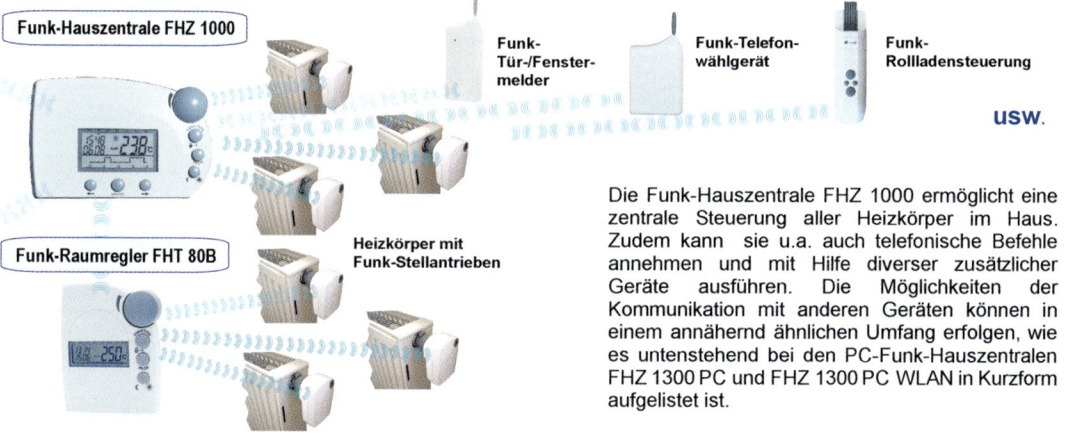

Funk-Hauszentrale FHZ 1000

Funk-Tür-/Fenster-melder

Funk-Telefon-wählgerät

Funk-Rollladensteuerung

usw.

Funk-Raumregler FHT 80B

Heizkörper mit Funk-Stellantrieben

Die Funk-Hauszentrale FHZ 1000 ermöglicht eine zentrale Steuerung aller Heizkörper im Haus. Zudem kann sie u.a. auch telefonische Befehle annehmen und mit Hilfe diverser zusätzlicher Geräte ausführen. Die Möglichkeiten der Kommunikation mit anderen Geräten können in einem annähernd ähnlichen Umfang erfolgen, wie es untenstehend bei den PC-Funk-Hauszentralen FHZ 1300 PC und FHZ 1300 PC WLAN in Kurzform aufgelistet ist.

PC-Funk-Hauszentrale FHZ 1300 PC

Kabelverbindung mit dem PC

PC-Funk-Hauszentrale FHZ 1300 WLAN

Funkverbindung mit dem PC

die hier aufgeführten Geräte sind für beide PC-Funk-Hauszentralen vorgesehen:

Funk-Raumregler FHT 80B mit Funk-Stellantrieben

Funk-Tür-/Fenstermelder (Fensterkontakt)

Funk-Telefonwählgerät

Funk-Signalgeber („Waschmaschine fertig!")

Funk-Rollladensteuerung

Funk-Bewegungsmelder

Funk-Telefonschalter

Funk-Markisensteuerung

Funk-Lichtschalter

Funk-Zeitschaltuhr

Funk-Rauchmelder

Sprachgesteuerter Funkschalter

Funk-Türklingel

Funk-Wassermelder (Keller-Überschwemmung)

Geräte für die Funkübertragung von Stromzähler- und Gaszähler-Daten

Funk-Schaltsteckdosen und Unterputzschalter

Funk-Dämmerungsschalter und Dimmer

Funk-Wetterstation **Funk-Regensensor** **Funk-Thermostat** **Funk-Hygrostat**

Tabelle 3.1 – Funk-Grundgeräte für die automatische Heizkörperregelung in Kurzübersicht.

3.6 Einstellung der Raumtemperatur

dass er sich durch die bekannte Kalkablagerung festsetzt (festklebt). Diese „automatische Dienstleitung" setzt sich auch während der sommerlichen Heizpause wöchentlich fort, damit sich während der langen Ruhepause der im Wasser enthaltene Kalk an den Ventilen nicht festsetzt und diese nicht festklebt.

Das Zeitprogramm der Raumregler-Einstellungen ist in Hinsicht auf die Art der Nutzung der einzelnen Räume abzustimmen: Das Bad und das Schlafzimmer werden zu anderen Zeiten benutzt als das Wohnzimmer.

Zudem dürfte im Badezimmer die „Komforttemperatur" bei etwa 23 °C, im Schlafzimmer hingegen wesentlich tiefer liegen usw.

Feste Vorgaben oder Tabellen dafür, was für den einen oder anderen Raum als „Komforttemperatur" gelten dürfte, gibt es nicht. Jeder Mensch hat in dieser Hinsicht andere Maßstäbe und Empfindungen.

Einsparungen an Heizkosten sollten jedenfalls nicht das individuelle Wohlbefinden strapazieren. Es genügt, wenn man die elektronische Temperaturregelung in einzelnen Räumen einfach nur durchdacht so programmiert, dass Heizkosten eingespart werden, ohne dass es die Lebensqualität beeinträchtigt. Was darunter zu verstehen ist, muss jeder selbst herausfinden – was nicht schwierig ist, denn die optimalen Einstellungen der Raumtemperatur lassen sich experimentell finden und bei Bedarf auch jederzeit leicht ändern.

3.7 Zusätzliche Funk-Tür-/Fenster-Melder

Wie bereits an anderer Stelle erwähnt wurde, reagieren Heizkörper, die unter einem Fenster angebracht sind, auf das Öffnen des Fensters mit einer „Wärme-Salve", die unerwünschte Heizenergieverluste zur Folge haben. Es ist aber bekannt, dass kurzes Lüften durch ein weit geöffnetes Fenster wesentlich energiesparender ist, als z. B. das Fenster dauerhaft gekippt zu lassen. Ein Durchzug durch den Raum – oder gleichzeitig durch mehrere Räume – beschleunigt das Lüften und das Interieur kühlt dabei nicht zu stark ab. Eine technisch gesteuerte Raumregelung reagiert allerdings auf das Lüften mit vollem Aufdrehen der Heizkörper. Die Wärme, die dabei produziert wird, geht dann unnötig verloren. Dieser Nachteil lässt sich mithilfe eines zusätzlichen Funk-Tür-/Fenster-Melders beheben.

Der *Raumregler FHT 80B* ist für den Empfang von zusätzlichen Schaltsignalen ausgerüstet, die er via Funk von speziellen *Funk-Tür-/Fenster-Meldern FHT 80 TF (Abb. 3.13)* erhält. Die Regeleinheit kann mit bis zu vier Funk-Tür-/Fenster-Meldern kommunizieren: Sie melden ihr via Funk, dass das von ihnen überwachte Fenster oder die Terrassentür geöffnet bzw. wieder ge-

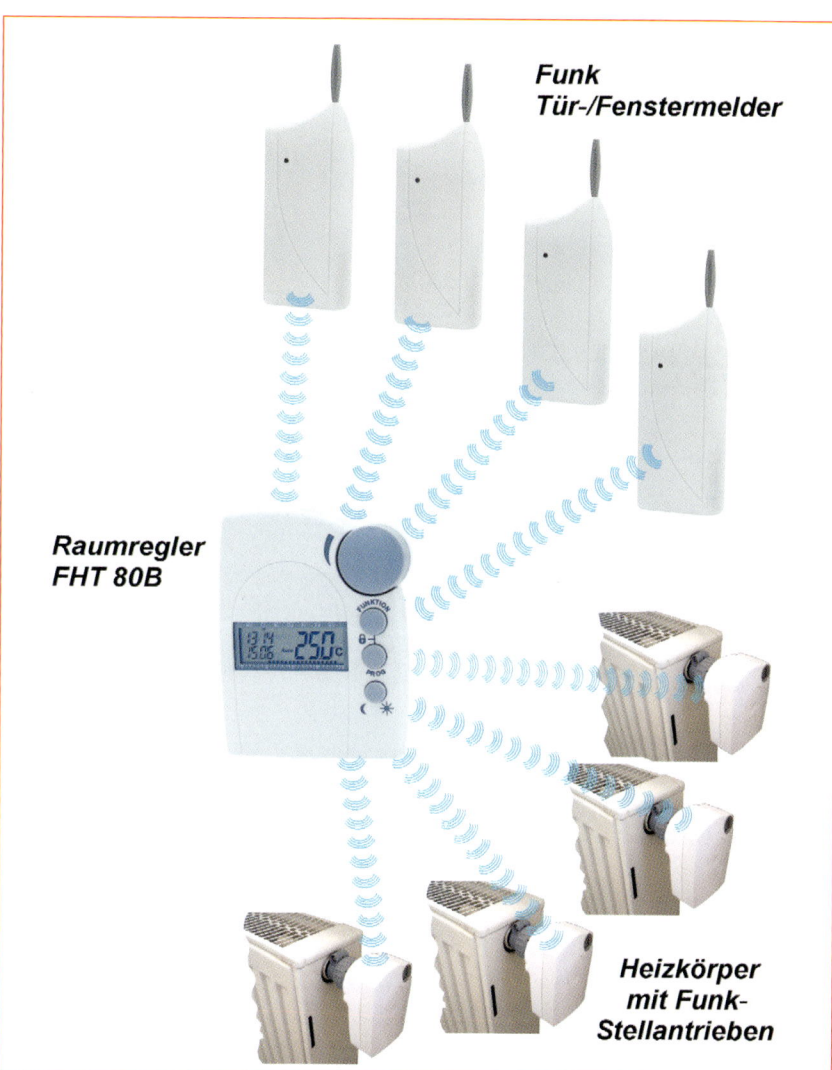

Funk Tür-/Fenstermelder

Raumregler FHT 80B

Heizkörper mit Funk-Stellantrieben

Abb. 3.13 – Bis zu vier zusätzliche Funk-Tür-/Fenster-Melder können einer Regeleinheit melden, dass eine Tür (Terrassentür) oder ein Fenster geöffnet wurde. Die Regeleinheit senkt dann sofort die Raumtemperatur vorübergehend ab und erhöht sie erst dann, wenn sie von allen an sie angeschlossenen Tür-/Fenster-Meldern die Meldung erhält, dass wieder alle Türen und Fenster geschlossen sind.

3.7 Zusätzliche Funk-Tür-/Fenster-Melder

schlossen wurde. Während des Lüftens schließt die Regeleinheit automatisch die Heizkörper-Stellantriebe energiesparend zu und öffnet sie erst wieder nach dem Schließen der Fenster bzw. der Tür auf die ursprüngliche „Soll-Position".

Diese zusätzliche Temperaturregelung ist vor allem dann von Vorteil, wenn durch den gelüfteten Raum kräftigere Zugluft strömt, die bei laufenden Heizkörpern die gewärmte Luft energieverschwendend aus dem Raum blasen würde.

Die *FHT 80 TF*-Tür-/Fenster-Melder sind mit zwei Zungenkontakten (Reed-Kontakte) ausgelegt, die sich nach *Abb. 3.14* links und rechts im Gerät befinden und von einem Dauermagneten magnetisch betätigt werden. Benötigt wird nur einer dieser Zungenkontakte, der einfach an der passenden Seite des Gerätes angebracht wird. Gegen diese Seite muss der Dauermagnet nach *Abb. 3.15* möglichst nahe – bevorzugt ca. 3 bis 5 mm, höchstens jedoch 25 mm von dem eigentlichen Tür-/Fenster-Melder – montiert werden.

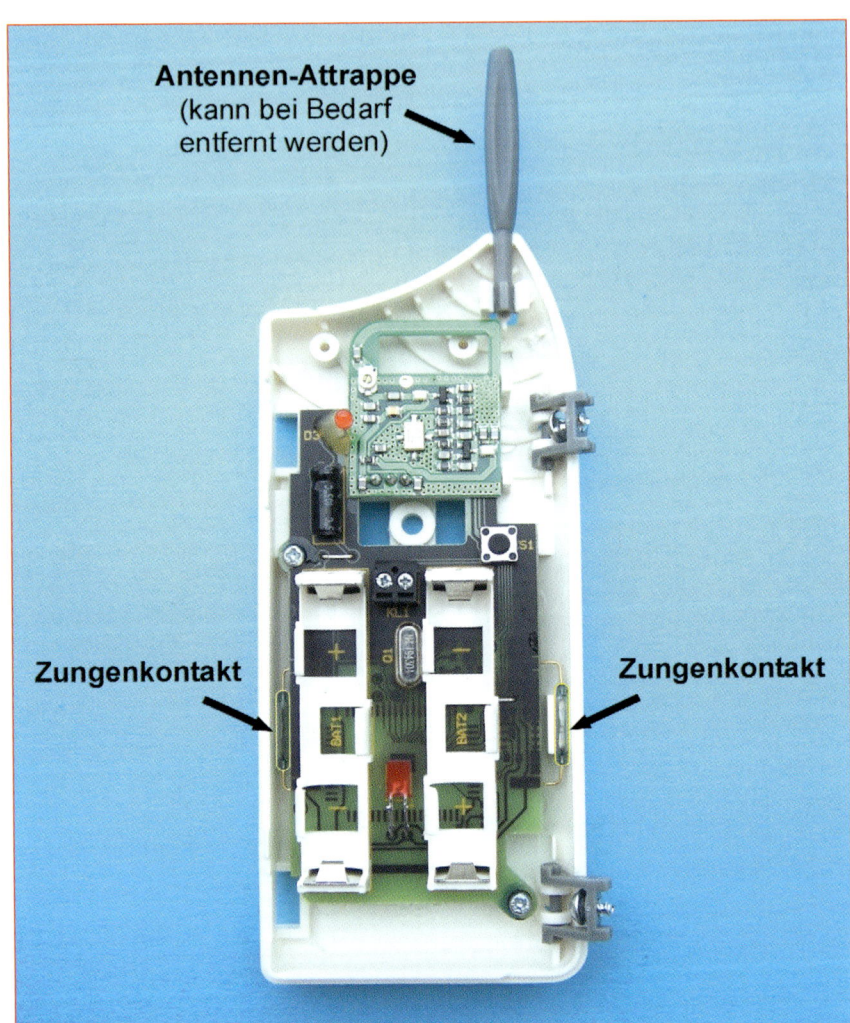

Abb. 3.14 – Anordnung der zwei Zungenkontakte im Inneren des Tür-/Fenster-Melders: Verwendet wird wahlweise nur einer der Kontakte.

3.7 Zusätzliche Funk-Tür-/Fenster-Melder

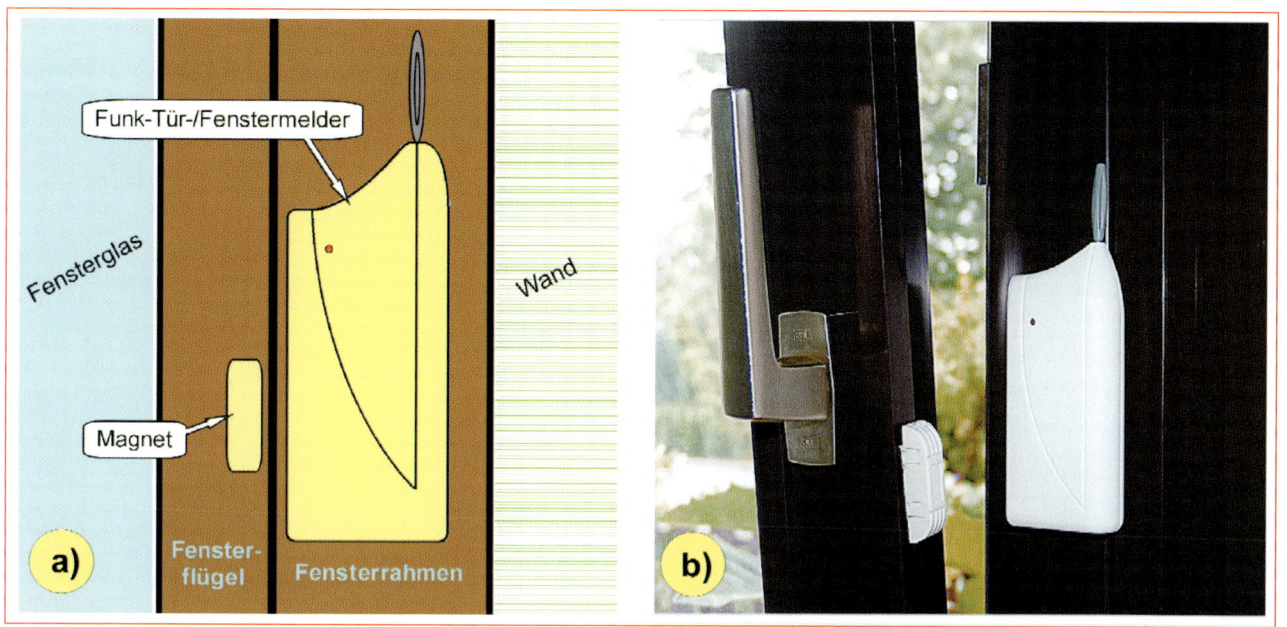

Abb. 3.15 – Montagebeispiel eines Funk-Tür-/Fenster-Melders *(FHT 80 TF):* **a)** Zeichnerische Darstellung. **b)** Praktisches Anordnungsbeispiel des Gerätes und seines Magneten an einem Fenster.

Unser Tipp

Testen Sie die Funk-Tür-/Fenster-Melder jeweils erst auf dem Tisch. Der Fenstermelder und sein Zungenschalter arbeiten unabhängig von ihrer Lage – also auch liegend auf dem Tisch. Den Magneten, dessen Magnetfeld im Fenstermelder den Zungenschalter betätigt (öffnet), können Sie bei einem solchem Test einfach mit der Hand an den unteren Rand des Melders annähern, um sich zu vergewissern, dass die Regeleinheit wunschgerecht funktioniert.

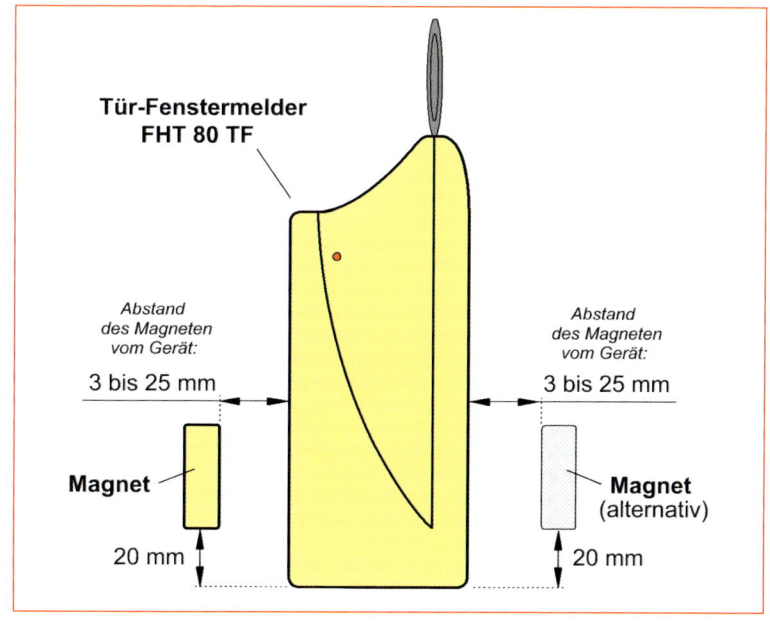

Abb. 3.16 – Der Magnet kann wahlweise entweder links oder rechts des Tür-/Fenster-Melders nach den hier angegebenen Abständen montiert werden.

3.8 Funk-Hauszentralen

Wir wissen inzwischen, dass die Funk-Hauszentralen *FHZ 1000, FHZ 1000 PC Professional, FHZ 1300 PC* oder *FHZ 1300 WLAN* als wirklich vielseitige „elektronische Hausmeister" ausgelegt sind, die mit sehr vielen „passenden" (kompatiblen) Geräten kommunizieren können. *Abb. 3.17* zeigt einige der interessantesten Möglichkeiten, die hier nur zu einem kleinen Teil bildlich dargestellt sind, um einen Einblick in die Vielfalt der Anwendungsmöglichkeiten zu geben.

Die *Bedien- und Regeleinheit FHT 80B* kann bei Bedarf mit einer der Funk-Hauszentralen *FHZ 1000, FHZ 1000 PC Professional, FHZ 1300 PC* oder *FHZ 1300 WLAN* bidirektional (= in beide Richtungen) kommunizieren, wenn es erwünscht ist, dass mehrere Räume gesteuert werden bzw. das ganze Haus zentral gesteuert wird. Bei einer solchen zentralen Steuerung können auch weitere Funk-Bausteine mit dem System verbunden werden und diverse weitere Aufgaben automatisch bewerkstelligen. Sie können unter an-

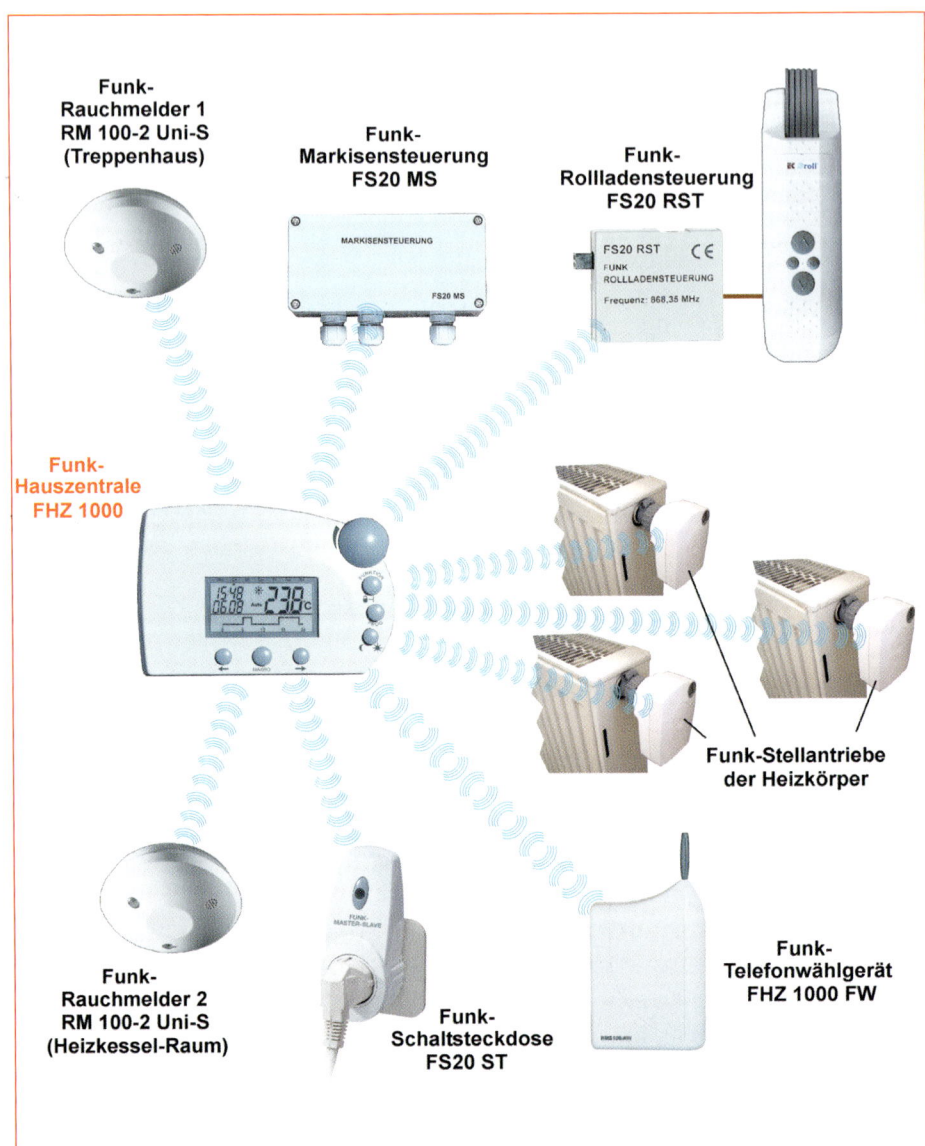

Funk-Rauchmelder 1 RM 100-2 Uni-S (Treppenhaus)

Funk-Markisensteuerung FS20 MS

Funk-Rollladensteuerung FS20 RST

Funk-Hauszentrale FHZ 1000

Funk-Stellantriebe der Heizkörper

Funk-Rauchmelder 2 RM 100-2 Uni-S (Heizkessel-Raum)

Funk-Schaltsteckdose FS20 ST

Funk-Telefonwählgerät FHZ 1000 FW

Abb. 3.17 – Die Funk-Hauszentrale *FHZ 1000* stellt einen elektronischen Hausmeister dar, der energiesparend die Temperatur in einzelnen Räumen Tag und Nacht regelt, elektrische Geräte schaltet und bei Bedarf auch vor Gefahren wie Rauch-, Gas- oder Wasseraustritt warnt.

3.8 Funk-Hauszentralen

derem elektrische Rollläden und Markisen „wetterabhängig" bedienen, eine Elektropumpe einschalten, wenn ein Funksensor meldet, dass Wasser im Keller ist usw.

Ein zusätzliches *Funk-Telefonwahlgerät FHZ 1000 FW* oder eine Funk-Telefonsteuerung *FS20 TS* ermöglichen eine schnelle Kontrolle bzw. die Übertragung eines Schaltbefehls via Handy bzw. über ein Festnetz-Telefongerät. Weiterhin können einige Funk-Hauszentralen auch übers Internet mit den Hausbewohnern kommunizieren, ihre Befehle ausführen und ihnen an ihren Arbeitsplatz oder Urlaubsort melden, wenn z. B. der Heizkessel oder der elektrische Strom ausgefallen sind (auf praktische Anwendungsbeispiele kommen wir später zurück).

Wie die Bezeichnung „Hauszentrale" andeutet, handelt es sich um ein Gerät, von dem aus zentral alle Vorgänge – bzw. alle ausgewählten Vorgänge – gesteuert und kontrolliert werden. Das Zubehör einer solchen Zentrale besteht überwiegend aus Funk-Bausteinen der Gruppe *FS 20*, die nicht „installiert", sondern nur einfach aufgestellt oder an eine Steckdose angeschlossen werden. Inwieweit das eine oder andere dieser Geräte zur Energieeinsparung eingesetzt werden kann, dürfte von vielen Aspek-

ten und individuellen Gegebenheiten abhängen. Es ist aber gut zu wissen, was es auf diesem Gebiet an Produkten gibt, denn der Vorteil, dass alle Geräte der Gruppe *FS 20* miteinander kommunizieren können, kann vielseitig genutzt werden. Die Anwendung wäre z. B. sinnvoll bei der Betreuung von kranken oder gehandicapten Familienmitgliedern oder auch Kleinkindern. Die nun folgenden Beispiele zeigen einige der interessantesten Funk-Geräte mit einer Kurzbeschreibung ihrer Anwendung:

Funk-Schaltsteckdose FS20 ST

Diese Schaltsteckdose kann z. B. von einer Funk-Hauszentrale, einem Telefonwahlgerät, einem Funk-Handsender *(FS20 S4, FS20 S8, FS20 S20) oder* einem Funk-Thermostaten *(FS20 STR)*, aber auch von einem Funk-Timer *(FS20 ZE)*, einem Sprachsensor *(FS20 SS)* sowie diversen anderen Sensoren und Sendern der FS20-Gerätegruppe fernbedient geschaltet werden.

In dieser Schaltsteckdose ist auch ein Abschalt-Timer integriert, der das eingeschaltete Gerät nach

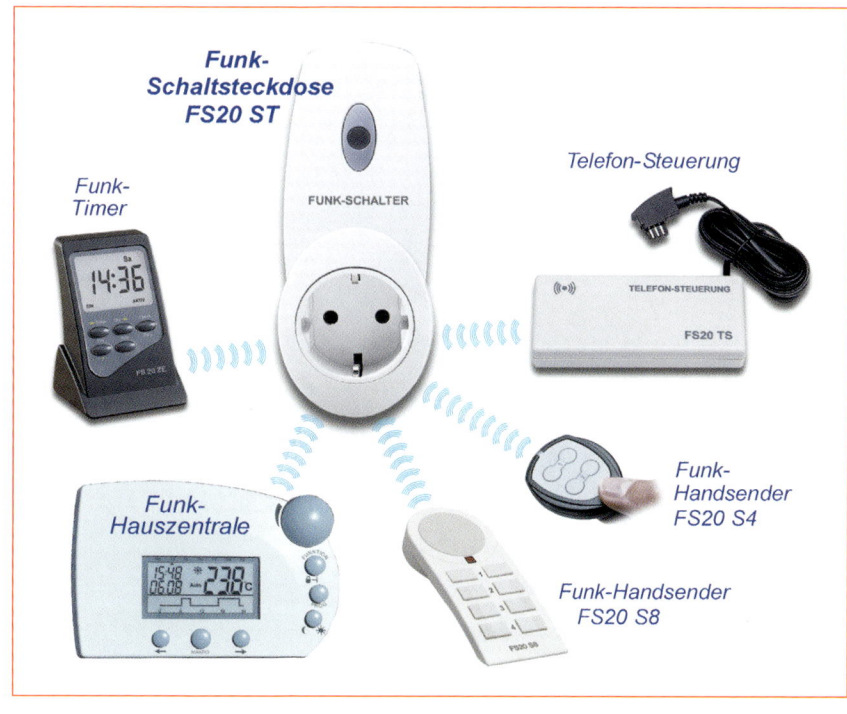

3.8 Funk-Hauszentralen

der vorgegebenen Einschaltdauer (1 Sek. bis 4,25 Std.) automatisch abschaltet, was eine gute Hilfe für Vergessliche ist. Die maximale Schaltleistung beträgt 16 A bei 230 V~ (3.680 W).

Funkdimmer FS20 DI
Dieser Funkdimmer (Steckdosen-Funkdimmer) ist ähnlich wie die vorher beschriebene Schaltsteckdose über FS20-Sender per Funk fernbedienbar. Zusätzlich zur Schalt- und Dimmfunktion sind drei getrennt programmierbare Timer im Gerät integriert, die jeweils für einen Bereich von 1 Sek. Bis 4,25 Std. einstellbar sind. Der erste Timer ermöglicht ein automatisches Ausschalten der angeschlossenen Beleuchtung nach Ablauf der eingestellten Zeit. Der zweite Timer dient dem langsamen

automatischen Heraufdimmen innerhalb der eingestellten Zeitspanne beim Einschalten der Beleuchtung. Der dritte Timer dient dem langsamen automatischen Herabdimmen innerhalb der eingestellten Zeitspanne nach Abschalten der Beleuchtung. Alle einprogrammierten Daten bleiben in einem internen Speicher erhalten. Der Dimmer ist bis 200 Watt belastbar.

Unterputz-Funk-Schalter und -Dimmer
Die Funktionsweise des Unterputz-Funk-Schalters **FS20 SU** ist identisch mit der vorher beschriebenen *Funk-Schaltsteckdose FS20 ST*. Dasselbe gilt auch für die Funktionsweise des Unterputz-Funkdimmers **FS20 DU**, der über dieselben Eigenschaften verfügt, wie der *Funkdimmer FS20 DI*.

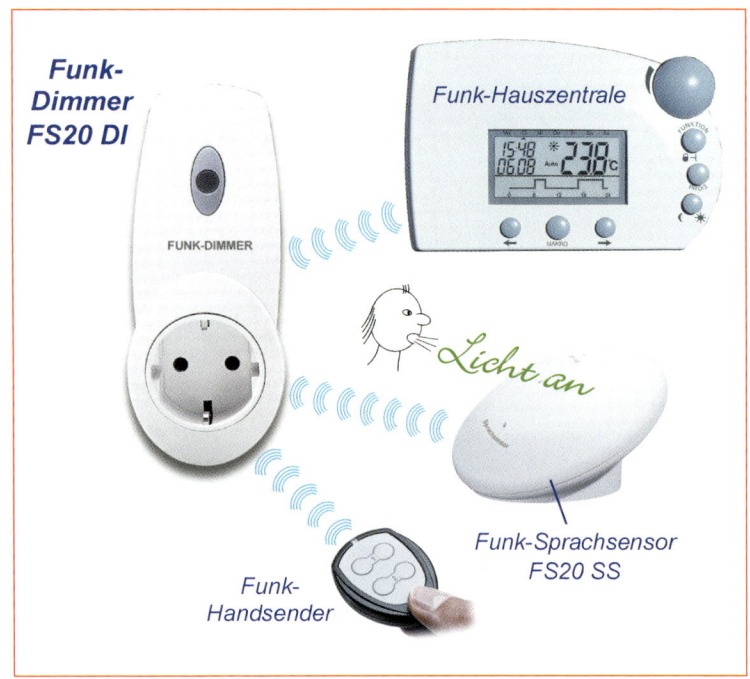

Funk-Dimmer FS20 DI

Funk-Hauszentrale

Funk-Sprachsensor FS20 SS

Funk-Handsender

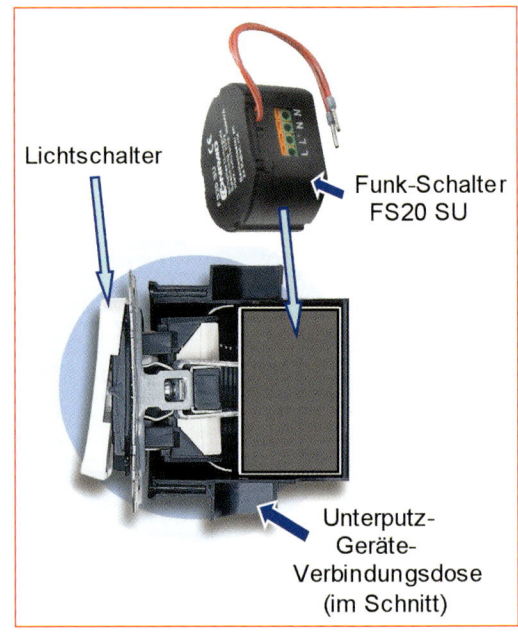

Lichtschalter

Funk-Schalter FS20 SU

Unterputz-Geräte-Verbindungsdose (im Schnitt)

3.8 Funk-Hauszentralen

Hinweis

Der hier abgebildete *Funkdimmer* ist zwar für eine Unterputz-Schalterdose ausgelegt, benötigt jedoch eine vertiefte Unterputz-Dose, die als *Unterputz-Geräte-Verbindungsdose* bezeichnet wird. Möchten Sie einen Funk-Schalter z. B. für das fernbediente Schalten der Gartenbeleuchtung, Weiherbeleuchtung oder einer Weiherfontäne verwenden, kann er – wie abgebildet – im Keller in einer Unterputz-Abzweigdose untergebracht werden. Von dort aus kann durch die Kellermauer das Zuleitungs-Erdkabel für die Gartenbeleuchtung und andere elektrische Verbraucher verlegt werden.

Diese beiden Unterputzgeräte können wahlweise in einer Unterputz-Schalterdose, in einer Unterputz- oder Aufputz-Abzweigdose oder in einer Leuchte (soweit es da der Platz erlaubt) untergebracht werden.

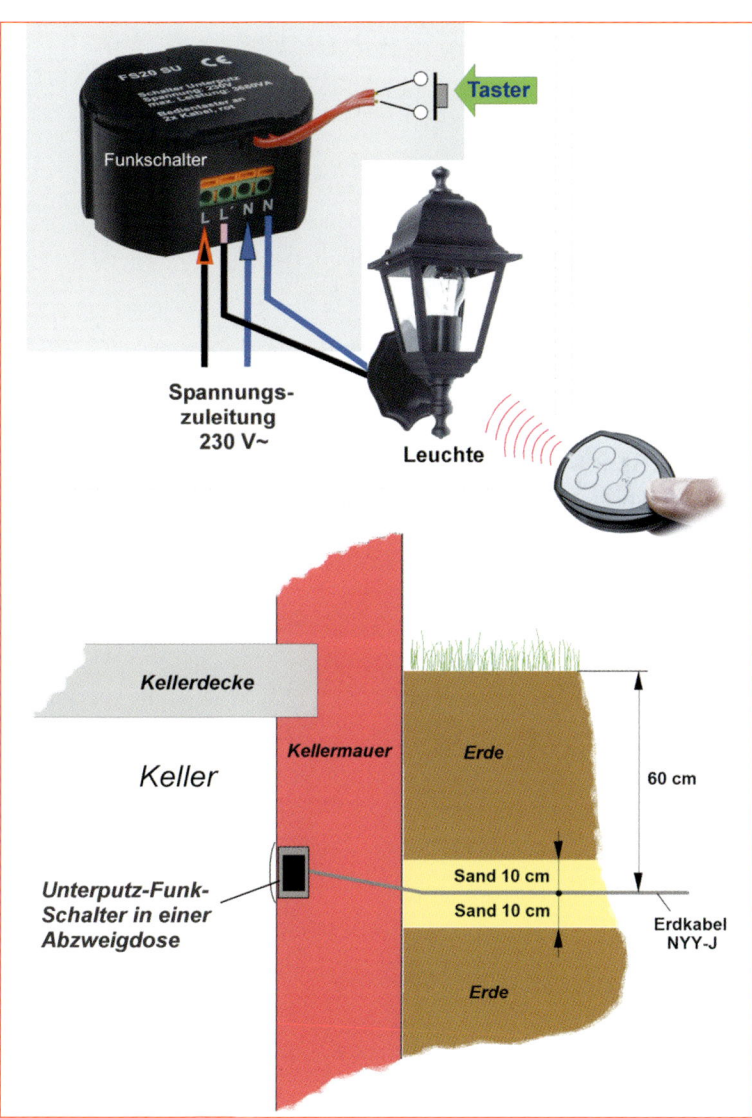

3.8 Funk-Hauszentralen

Einbau Funkdimmer:

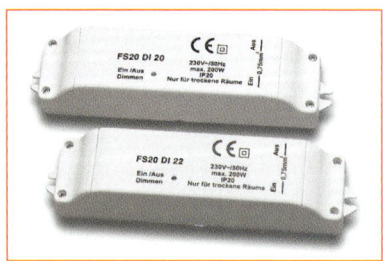

Die zwei abgebildeten Funkdimmer sind beide bis zu 200 Watt (bei 230 V~) belastbar, unterscheiden sich aber dadurch, dass die Type **FS20 DI20** nur für ohmsche und induktive Lasten, aber nicht für elektronische Trafos geeignet ist. Die Type **FS20 DI22** ist für ohmsche Lasten und für elektronische Trafos ausgelegt.

Funk-Aufputzschalter FS20 AS1:
Dieser Funk-Aufputzschalter schaltet mithilfe eines potenzialfreien Relais-Umschaltkontaktes („1x UM"), der für eine Schaltleistung von bis zu 3.680 Watt ausgelegt ist.

3.8 Funk-Hauszentralen

Funk-Aufputzschalter FS20 SA:

Im Vergleich mit dem vorhergehenden „AS1-Funk-schalter hat das Relais dieses Funk-Aufputzschalters zwei abhängige potenzialfreie Umschaltkontakte („2x UM") und kann somit z. B. die Polarität einer Versorgungs-Gleichspannung umschalten. Dieser Schalter kann z. B. die Laufrichtung eines Gleichstrom-Elektromotors bei einem solarbetriebenen Garagentor- oder Gartentor-Antrieb umschalten. Die maximale Schaltleistung beträgt 3.680 Watt.

4-Kanal-Funk-Aufputzschalter FS20 AS4

Mit diesem Funkschalter können bis zu vier Verbraucher unabhängig voneinander ferngeschaltet werden. Die max. Schaltleistung pro Anschluss beträgt ebenfalls 3.680 Watt.

Alle die vorher aufgeführten Bausteine sind aufeinander abgestimmt und können sowohl miteinander als auch mit dem *Raumregler FHT 80B,* der *Funk-Hauszentrale FHZ 1000,* der *PC-Hauszentrale FHZ 1000 PC Professional*, *FHZ 1300 PC* und der *PC-Hauszentrale FHZ 1300 (WLAN)* kommunizieren.

Was man sich von dem Einsatz einiger dieser Bausteine im Zusammenhang mit der eigentlichen Heizkosteneinsparung konkret versprechen dürfte, werden wir noch mit weiteren Beispielen erläutern.

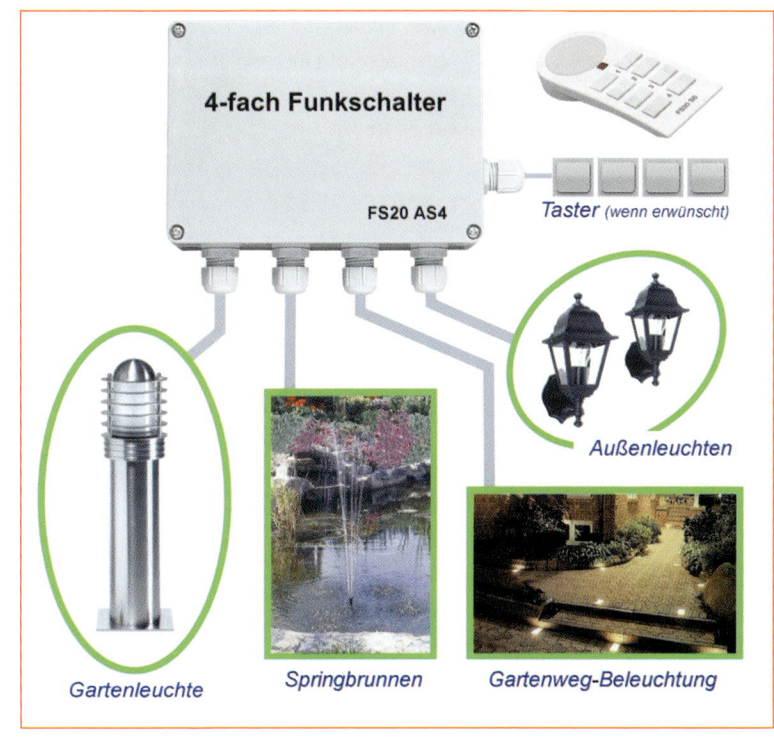

Gartenleuchte *Springbrunnen* *Gartenweg-Beleuchtung*

3.9 Heizkörperregelung via Telefon/Handy

Nicht alle Tage und Wochen verlaufen nach einem festen Schema und so muss

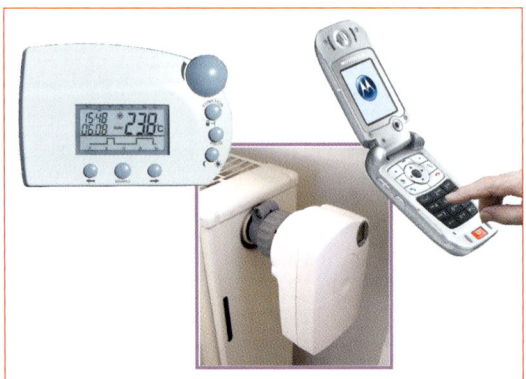

gelegentlich die Programmierung der Raumtemperatur etwas verändert werden. Bevor die Wohnung oder das Haus unerwartet verlassen wird, genügt ein Tastendruck auf der Hauszentrale um die Heizung abzusenken. Bei der Rückkehr ist es von Vorteil, wenn die Funk-Hauszentrale eine halbe bis einige Stunden vorher einen Befehl übers Handy (oder übers Festnetz-Telefon) erhält, um rechtzeitig die Wohnung oder das Haus angenehm aufzuwärmen.

Eine solche Fernbedienung erweist sich z. B. bei der Rückkehr nach einer längeren Abwesenheit (z. B. nach einem Winterurlaub) als sehr

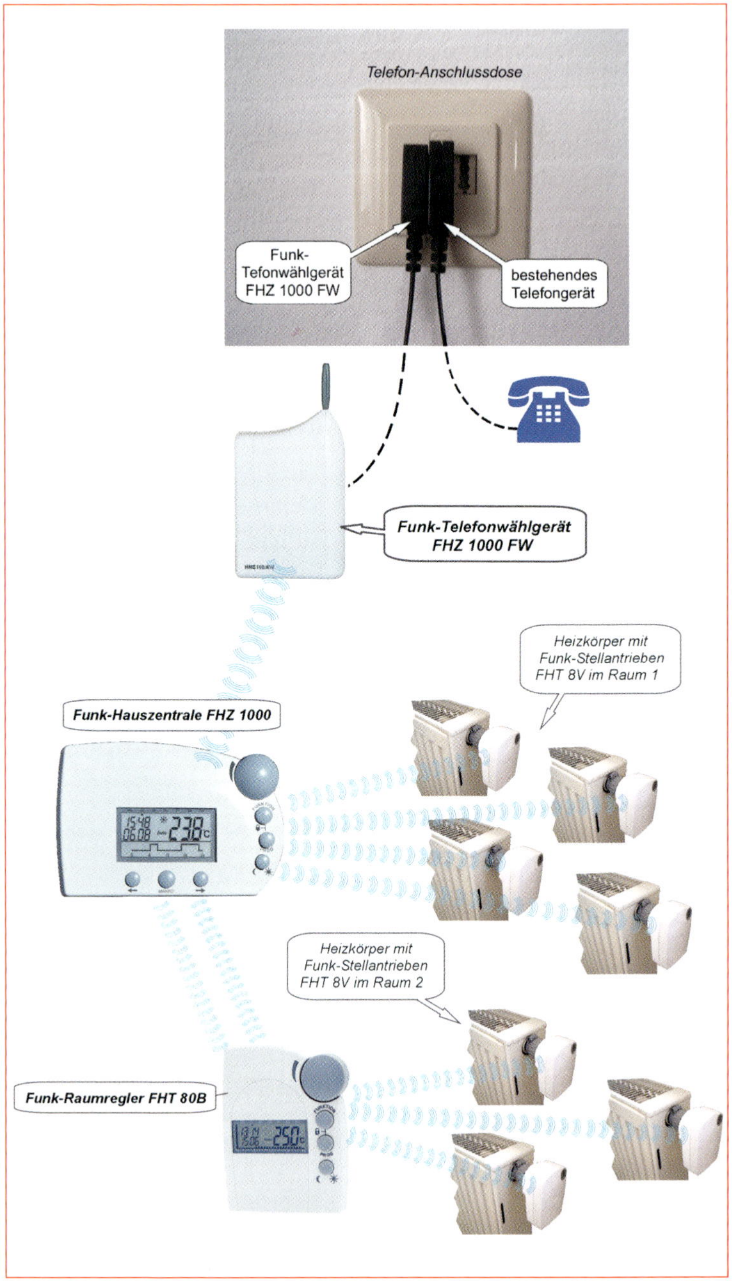

Telefon-Anschlussdose

Funk-Tefonwählgerät FHZ 1000 FW

bestehendes Telefongerät

Funk-Telefonwählgerät FHZ 1000 FW

Heizkörper mit Funk-Stellantrieben FHT 8V im Raum 1

Funk-Hauszentrale FHZ 1000

Heizkörper mit Funk-Stellantrieben FHT 8V im Raum 2

Funk-Raumregler FHT 80B

Abb. 3.18 – Das Anschlusskabel des *Telefonwahlgeräts FHZ 1000 FW* wird – ähnlich wie ein „zweiter" Telefonapparat – einfach in die Telefon-Wandsteckdose eingesteckt und die Beheizung der Räume kann bei Bedarf telefonisch geregelt werden.

praktisch und energiesparend. Die Heizung kann in solchen Fällen nach dem Verlassen des Hauses recht tief (bis z. B. unter 15 °C) herabgedreht werden, wenn die Möglichkeit besteht, dass sie anschließend rechtzeitig das Haus wieder aufwärmt.

Telefonisch geschaltet kann die Funk-Hauszentrale *FHZ 1000* über ein zusätzliches **Telefonwahlgerät FHZ 1000 FW** *(Abb. 3.18/19),* das als ein separater Fertigbaustein erhältlich ist und viel mehr kann, als nur die Heizung zu steuern bzw. diverse elektrische Verbraucher zu schalten. Seine Hauptfunktion besteht aber darin, dass es – nach Ansteuerung von der Funk-Hauszentrale – z. B. Notrufe oder alarmierende Mitteilungen an drei einprogrammierte Telefon-Teilnehmer weiterleitet. So kann z. B. ein Hausbewohner über sein Handy an seinem Urlaubsort darüber informiert werden, dass sein Heizkessel ausgefallen ist, sein Keller überschwemmt wird, oder sein Rauchmelder aktiviert wurde.

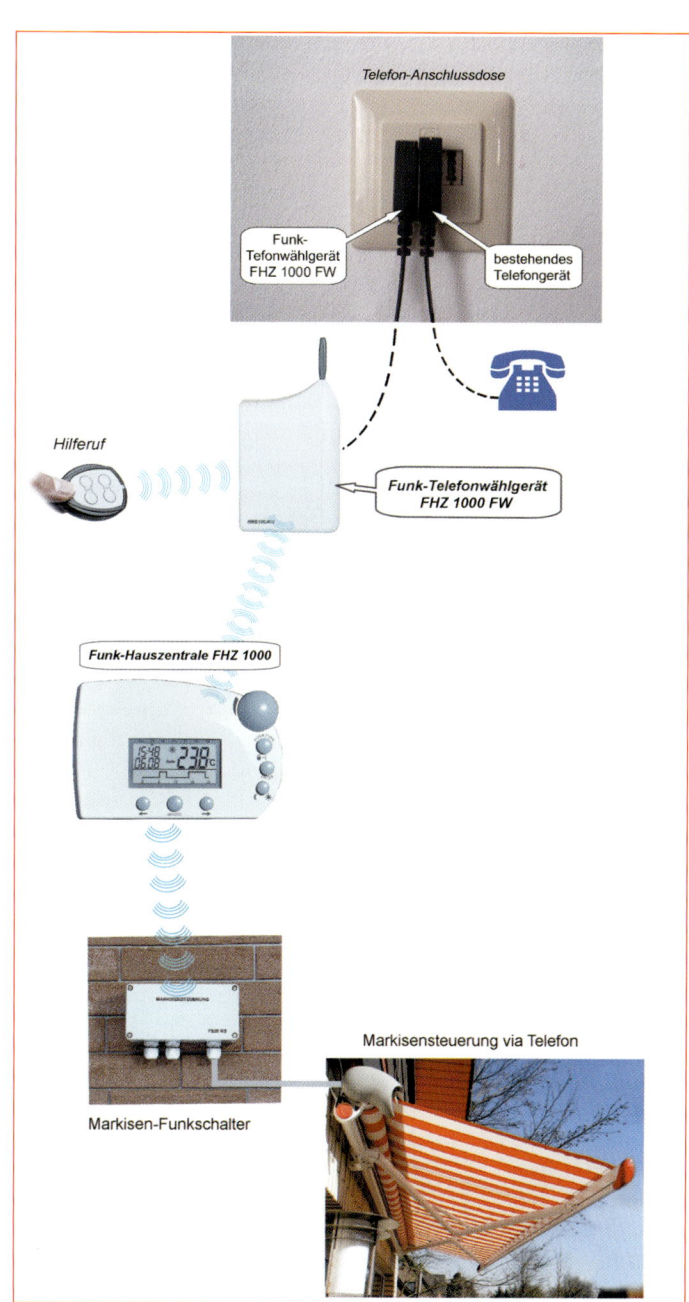

Abb. 3.19 – Das *Telefonwahlgerät* kann zusätzlich auch die Funktion eines Wachhundes übernehmen, der bei Bedarf an drei einprogrammierte Telefonnummern diverse (ebenfalls einprogrammierte) Alarmmeldungen sendet oder in der Gegenrichtung auch diverse Schaltbefehle über die Hauszentrale weiterleitet.

3.9 Heizkörperregelung via Telefon/Handy

Bei Bedarf können auch z. B. über einen Mini-Handsender manuell eingegebene Hilferufe über das *Telefonwahlgerät* an drei einprogrammierte Telefon-Teilnehmer automatisch weitergeleitet werden.

Wird auf die Möglichkeit eines automatisch oder manuell ausgelösten telefonischen Notrufs keinen Wert gelegt und gibt man sich damit zufrieden, dass telefonisch nur „von auswärts" etwas geschaltet oder gesteuert wird, kann anstelle eines *Telefonwahlgeräts* die hier abgebildete Telefon-Fernsteuerung **FS20 TS** angewendet werden. Dieses Gerät ist als eine analoge, codegeschützte Telefon-Funksteuerung ausgelegt. Über diese Steuerung lassen sich Schaltbefehle direkt an FS20-Empfänger übermitteln. Des Weiteren besteht auch die Möglichkeit, vorprogrammierte Makros auf der Zentrale auszulösen, beispielsweise um die Raumtemperatur mittels Funkventilantriebe zu erhöhen. Die telefonische Verbindung erfolgt dann codegeschützt auf eine ähnliche Weise, wie z. B. das Fernabfragen eines Telefon-Anrufbeantworters.

3.10 Funksteuerung von Rollladen und Markisen

Die Bedienung von Fenster-Rollläden und Markisen kann mithilfe einer Funk-Hauszentrale leicht automatisiert werden.

Funk-Rollladensteuerung
Eine automatische Funk-Rollladensteuerung macht sich vor allem während längerer Abwesenheit bezahlbar, denn Rollläden, die nachts geschlossen werden, sparen während der kälteren Jahreszeit Heizkosten.

Sind die Rollläden jedoch tagsüber heruntergelassen, laden sie bekanntlich Einbrecher ein. Das kann eine Funk-Rollladensteuerung leicht verhindern, die bereits in *Abb. 3.19* als Beispiel eines optionalen Zubehörs der Funk-Hauszentrale aufgeführt wurde.

Die Funk-Rollladensteuerung besteht aus einem steckbaren *Funkempfänger F20 RST* und dem „Eco-Roll"-*Rollladenantrieb* nach *Abb.*

3.20, der als Aufputz-Gerät anstelle eines rein mechanischen Gurtwicklers mit einem relativ kleinen Aufwand an die Wand montiert werden kann.

Für die Funk-Rollladensteuerung kann auch ein als „Funk-Markisensteuerung" bezeichnetes Gerät verwendet werden: Die Funk-Markisensteuerung **FS20 MS** ist für eine Schaltleistung von max. 2.070 Watt (230 V~, 9 A), die Funk-Markisensteuerung **FS20 AMS** für eine Schaltleistung von max. 3.680 Watt (230 V~, 16 A) ausgelegt. Das Ein- und Ausfahren des Rollladens kann von einer beliebigen Fernbedienung des FS20-Systems angesteuert werden. Das können wahlweise ein einfacher Funk-Handsender, ein Funk-Timer sowie eine Funk-Hauszentrale der Type **FHZ 1000** oder **FHZ 1X00 PC** sein. Für eine gelegentliche Funk-Fernbedienung der Rollläden kann auch der spezielle 2-/4-Kanal-Wandsender **FS20 S4A** verwendet werden, der – wie Abb. 3.21 zeigt – z. B. direkt im Bett oder in der Wand montiert werden kann.

Wer bereits elektrische Rollladenantriebe hat, kann sie mit einem zusätzlichen Funk-Empfänger nachrüsten. Dieser wird zwar als „Funk-Markisensteuerung" *(nach Abb. 3.22)* angeboten, ist aber ebenfalls für elektrisch betriebene

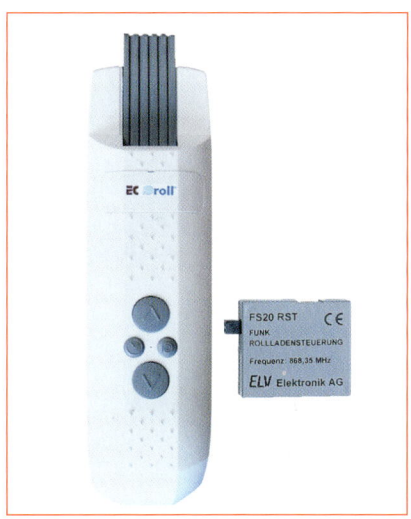

Abb. 3.20 – Die eigentliche Funk-Rollladensteuerung bildet ein kleiner Funk-Empfänger, der in die Eco-Roll-Rollladeneinheit eingesteckt wird.

Rollos geeignet. Die vom Hersteller angegebene maximale Schaltleistung muss jedoch eingehalten werden.

Funk-Markisensteuerung

Eine Funk-Markisensteuerung ist vor allem in der wärmeren Jahreshälfte sehr praktisch.

3.10 Funksteuerung von Rollladen und Markisen

Funk-Aufputz-Wandsender FS20 S4A

Abb. 3.21 – Mit einem zusätzlichen Funk-Wandsender kann z. B. gleich am frühen Morgen direkt vom Bett oder vom Frühstückstisch aus der Rollladen geöffnet werden.

Für die Markisensteuerung stehen dem Anwender zwei Funk-Markisensteuerungsempfänger zur Verfügung: die Funk-Markisensteuerung **FS20 MS** *(Abb. 26a)*, mit einer Schaltleistung von max. 2.070 Watt (230 V~, 9 A) und die Funk-Markisensteuerung **FS20 AMS** *(Abb. 26b)* mit einer Schaltleistung von max. 3.680 Watt (230 V~, 16 A).

Die Funk-Markisensteuerung **FS20 MS** ermöglicht das funkgesteuerte Aus- und Einfahren von elektrisch angetriebenen Markisen und Rollläden. Sie wird ein-

Abb. 3.22 – Für die Funk-Markisensteuerung stehen dem Anwender zwei Geräte zur Verfügung: a) Das Gerät mit der Typenbezeichnung **FS20 MS** ist für eine max. Schaltleitung von 2.070 W (230 V~/9 A) ausgelegt; das größere Gerät mit der Typenbezeichnung **FS20 AMS** ist für eine max. Schaltleistung von 3.680 W (230 V~/16 A) konzipiert und verfügt über ein internes Programm, das unter anderem von zusätzlichen Sensoren steuerbar ist.

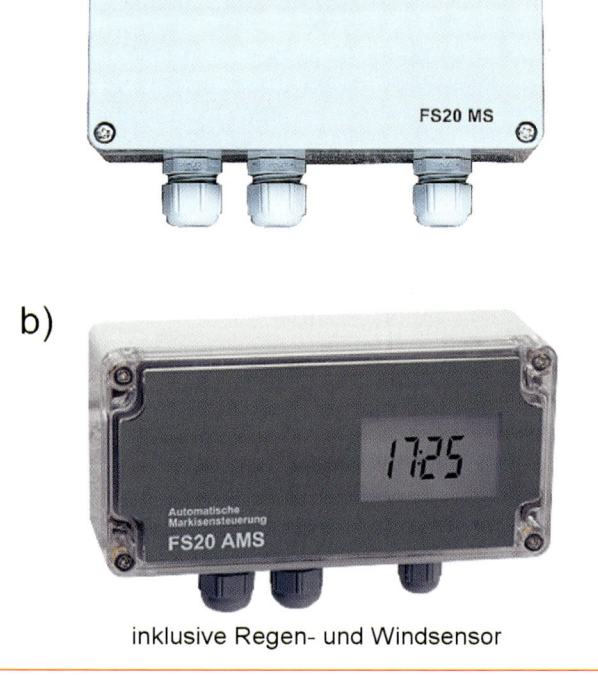

a) MARKISENSTEUERUNG — FS20 MS

b) Automatische Markisensteuerung FS20 AMS

inklusive Regen- und Windsensor

3.10 Funksteuerung von Rollladen und Markisen

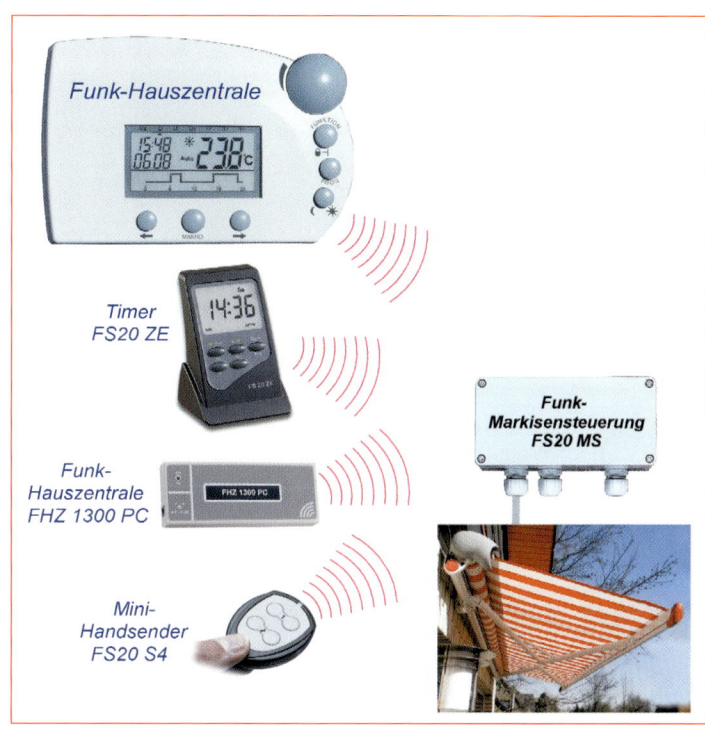

Abb. 3.23 – Die Funk-Markisensteuerung **FS20 MS** kann wahlweise durch beliebige Funk-Bausteine des *FS20-Systems* automatisch fernbedient werden.

zu 4,25 Std.) ermöglicht. So kann z. B. am Vormittag die Markise nur sehr langsam ausfahren, so dass sich die Intensität der Beschattung an die steigende Sonne anpasst. Wird die Markise über eine Funk-Hauszentrale **FHZ 1000** oder **FHZ 1X00 PC** automatisch bedient, die mit einem **Telefonwählgerät FHZ 1000 FW** oder über eine Telefon-Steuerung **FS20 TS** telefonisch steuerbar ist, kann sie auch über diesen Weg fernbedient werden. Eine solche Lösung ist z. B. sinnvoll, wenn einer der Hausbewohner seinen Arbeitsplatz z. B. in demselben Ort hat und bei aufkommendem Unwetter via Handy seine Markise rechtzeitig schließen kann. Bei der Hauszentrale FHZ 1300 PC kann dies durch den Wetterstation-Außensensor KS 300 auch programmtechnisch verknüpft und realisiert werden.

Noch komfortabler lässt sich die Markise mithilfe der automatischen Markisensteuerung der Type **FS20 AMS** steuern. Diese sollte nach *Abb. 3.24* mit einer **Sensoreinheit** ausgerüstet sein, die eine Veränderung der Wettersituation erkennt, bewertet und automatisch erforderliche Maßnahmen ergreift. Diese Markisensteuerung besteht aus einem Steuer- und Schaltgerät mit einem LCD-Display zur Programmierung und Betriebskontrolle einer separaten „Mini-Wetterstation", die sich aus einem Wettersensoren-Trio zusammensetzt: Jeweils ein Wind-, Regen- und Sonnenscheinintensitäts-Sensor liefern der Markisensteuerung Wetterdaten, von deren Auswertung dann abhängt, wann bzw. ob die Markise ausgefahren oder eingefahren wird, ohne dass sich ihr „stolzer Betreiber" daran gedanklich beteiligen muss.

Die Steuerung verfügt hier über sechs Betriebsmodi, die die unterschiedlichen Ereignis- und Steue-

fach zwischen den bisherigen Wandschaltern und dem Antriebsmotor der Markise (bzw. Rollladen) geschaltet. Die manuelle Bedienungsmöglichkeit bleibt dabei erhalten. Das Ein- und Ausfahren der Markise oder Rollläden kann von einer beliebigen Fernbedienung des FS20-Systems angesteuert werden. Das können – wie *Abb. 3.23 zeigt* – wahlweise ein einfacher Funk-Handsender, ein Funk-Timer sowie eine Funk-Hauszentrale der Type **FHZ 1000** oder **FHZ 1X00 PC** sein.

Die **FS20 MS** verfügt über einen internen, programmierbaren Timer, der bei Bedarf ein sehr langsames Ein- und Ausfahren über eine längere Zeitspanne (von bis rungsarten optimal verknüpfen. Programmierbar sind Steuerungskriterien, wie:

- Modus
- Uhrzeit
- automatische Ausfahrtzeit
- automatische Einfahrtzeit
- Wind-/Regen-Sperrintervallzeit
- Sonnen-Sperrintervallzeit
- manuelle Sperrintervallzeit
- Windgeschwindigkeits-Schwellenwert
- Motorlaufzeit für volles Ausfahren

Alle programmierten Daten (außer der Uhrzeit) sind netzausfallsicher gespeichert.

Optional kann der **Raumthermostat FS20 STR** in das System eingebunden (= mit einprogrammiert) werden – damit kann die Markise auch in Abhängigkeit vom jeweiligen Raumklima im abzuschattenden Raum gesteuert werden. Darüber hinaus ist die Markise mit allen Steuersendern des F20-Systems, z. B. mit der Funk-Hauszentrale FHZ 1000 oder mit einem Handsender ansteuerbar.

Die Markisensteuerung **FS20 AMS** kann in einen bestehenden, manuell betätigten elektrischen Markisenantrieb eingebunden werden.

Abb. 3.24 – Eine vollautomatisch arbeitende Funk-Markisensteuerung **FS20 AMS** sollte zusätzlich auch mit einer witterungsgeführten Steuerung ausgerüstet werden, die bei stärkerem Wind oder aufkommenden Regen die Markise automatisch einfährt. Bei Bedarf kann auch ein Funk-Raumthermostat **FS 20 STR** den optimalen Zeitpunkt des Ein- und Ausfahrens der Markise mitbestimmen.

4 Inbetriebnahme eines Funk-Raumreglers

Ein Funk-Raumregler oder eine Funk-Hauszentrale kann erst dann in Betrieb genommen werden, wenn zumindest einer der Funk-Stellantriebe an einem der Heizkörper montiert ist. Dieser Hinweis klingt zwar harmlos, aber das Anliegen setzt die Demontage des „alten" Thermostats und die Montage des neuen Funk-Stellantriebs voraus. Wer mit solchen Arbeiten keine Erfahrung hat (und die haben nur wenige), sollte sich erst in aller Ruhe anschauen, wie und wo sein alter Thermostat am Heizkörper – bzw. an der Heizkörper-Zuleitung – montiert ist.

Wir haben bereits an anderer Stelle erwähnt, dass ein Ventileinsatz ähnlich funktioniert wie ein normaler Wasserhahn. Das Öffnen oder Schließen des Wassers (in diesem Fall des „Heizwassers") erfolgt bei einem Heizkörperventil-Einsatz nicht durch Drehen, sondern durch Eindrücken seines Stiftes.

4.1 Demontage der Heizkörperthermostate

Einen „alten" Ventilkopf „abzunehmen" (zu demontieren) kann bei manchen Heizkörpern spielend leicht, bei anderen dagegen verhältnismäßig schwierig werden. Schwierig vor allem für diejenigen, die so etwas noch nie in ihrem Leben gemacht haben. Es lohnt sich daher, dass diesem Schritt eine angemessene Aufklärung gewidmet wird.

Alle Heizkörperthermostate lassen sich zwar relativ leicht abnehmen, aber man muss wissen, wie es gemacht wird. Mitunter ist dafür Werkzeug erforderlich. Sehen Sie sich bitte vorher an, wie Ihr Thermostatkopf auf dem Heizkörper oder an seiner Zuleitung befestigt ist. Es gibt im Allgemeinen vier Arten von Befestigungen.

Gut zu wissen

Bei den meisten moderneren Heizkörpern sitzt der Ventilstift direkt im Heizkörper *(Abb. 4.1a)*, bei anderen in einem *Ventilgehäuse*, das neben dem Heizkörper an der Zuleitung montiert ist und eine *Durchgangsform* nach *Abb. 4.1b* oder *Eckform* nach *Abb. 4.1c* hat.

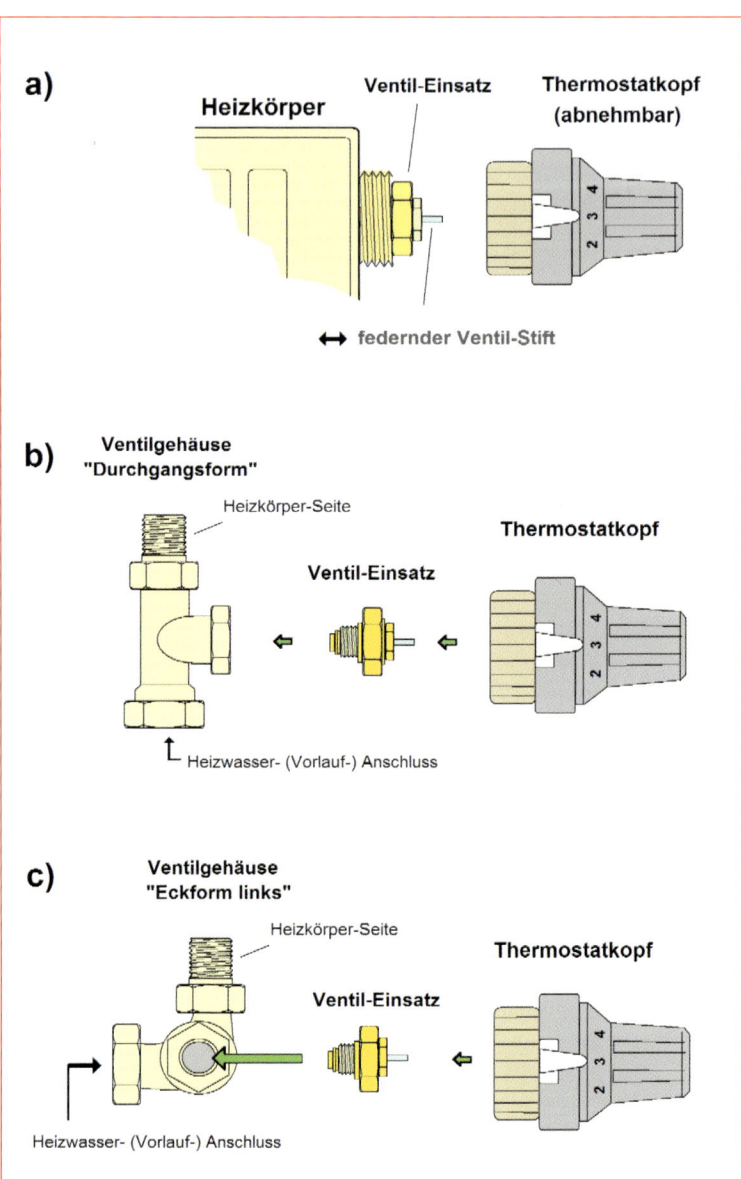

Abb. 4.1 – Montagearten der Ventil-Einsätze: **a)** im Heizkörper; **b)** im Durchgangs-Ventilgehäuse; **c)** im Eck-Ventilgehäuse.

4.2 Schnappbefestigungen

Manche der moderneren Heizkörperthermostate sind an dem Heizkörperventil   nur mit Schnappbefestigungen *nach Abb. 4.2* angebracht und können ähnlich leicht gelöst werden wie der Verschluss einer Ketchup-Flasche oder eines Marmeladen-Glases: Eine kleine Drehung „nach links" (gegen den Uhrzeigersinn) und der Thermostatkopf, der auf dem Heizkörper nur eingeklickt ist, kann einfach (vom Heizkörper weg) abgezogen werden.

Abb. 4.2 – An Heizkörpern modernerer Bauart hält den Thermostaten eine Schnappbefestigung, die sich mit der Hand durch Drehen entriegeln lässt.

4.3 Verschraubungen mit Überwurf-(Ring-)Muttern

Verschraubungen mit Überwurf-(Ring-)Muttern *nach Abb. 4.3* unterscheiden sich optisch von den Einklick-Verschraubungen meist dadurch, dass die Ringmutter nicht aus Kunststoff, sondern aus veredeltem Metall (Metallring) ist. Sie muss wie z. B. ein Flaschenverschluss herausgeschraubt werden. Ist dieser Metallring des Thermostatkopfes zu kräftig festgedreht, lässt er sich nur mithilfe einer *Wasserpumpenzange* losdrehen. Wenn Ihre Wasserpumpenzange nicht mit schützenden Nylon-Backen ausgelegt ist und Sie für den Thermostatkopf noch eine Verwendung haben, können Sie die Ringmutter des Thermostatkopfes mit einem Stück Stoff oder mit Haushalts-Putzleder gegen Verkratzen schützen.

Abb. 4.3 – Ringverschraubungen lassen sich oft nur mithilfe eine Wasserpumpenzange losdrehen.

4.4 Klemmbefestigungen mit Schrauben

Klemmbefestigungen mit Schrauben (*Abb. 4.4*) können einfach mit einem Schraubendreher gelöst und anschließend vom Heizkörperventil abgezogen werden. Manche Thermostate brauchen einen kräftigen Ruck, um nachzugeben.

Abb. 4.4 – Eine Klemmbefestigung ist als solche leicht identifizierbar: Sie besteht aus einer Klemme und einer Schraube, die gegen den Uhrzeigersinn so weit herausgedreht wird, bis der Thermostat vom Heizkörper leicht abgezogen werden kann.

4.5 Befestigungen mit Madenschrauben

Befestigungen mit Madenschrauben *(Abb. 4.5)* können meist nur mithilfe eines kleinen 2-mm- Sechskant-Winkelschraubendrehers (Innen-Sechskantschlüssel) demontiert und montiert werden. Auch hier ist oft ein kräftiger Ruck notwendig, um den Thermostat von dem Heizkörper abziehen zu können. Den kleinen Sechskant-Winkelschraubendreher (**2 mm**), erhalten Sie im Baumarkt oder Eisenwarenhandel.

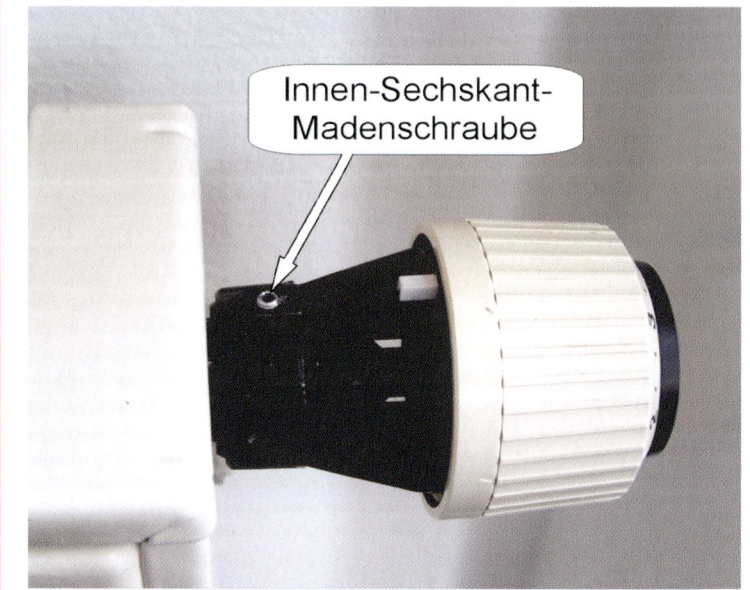

Innen-Sechskant-Madenschraube

Abb. 4.5 – Die Madenschraube einer Thermostatbefestigung kann nur mit einem kleinen Sechskant-Winkelschraubendreher (meist 2 mm) losgedreht werden.

4.6 Ventileinsatz testen

Nach der Demontage des Thermostatkopfs bleibt auf dem Heizkörper nur der eigentliche Ventileinsatz, der nach *Abb. 4.6* in dem Heizkörper oder in seiner Zuleitung fest (und „wasserdicht") eingeschraubt ist. Ihn sollten (und brauchen) Sie nicht demontieren, wenn er nicht defekt ist, denn vor seiner Demontage müsste das Heizwasser abgelassen werden, da es andernfalls kräftig herausspritzen würde.

Vergewissern Sie sich vor der Montage des Funk-Stellantriebs, dass sich der Ventilstift federnd ca. 1,5 mm tief in das Ventil hineindrücken lässt. Es geht schwer und lässt sich nur mit einem harten Gegenstand – z. B. mit der Spitze eines Schraubendrehers (nach *Abb. 4.7*) – betätigen. Lässt sich der Ventilstift nicht federnd bewegen, ist er verkalkt. In diesem Fall kann er mit einer spitzen Zange nach *Abb. 4.8* etwas gelockert werden. Achten Sie dabei bitte darauf, dass Sie den Ventilstift nur vorsichtig um seine Achse drehen bzw. leicht drücken, aber nicht herausziehen. Andernfalls überrascht Sie eine Wasserfontäne (die sich dadurch stoppen ließe, dass der Ventilstift wieder in den Ventileinsatz hineingedrückt wird).

Ventil-Einsatz

Abb. 4.6 – Nach dem Abziehen des „alten" Thermostatkopfs kommt der Heizkörperventileinsatz zum Vorschein: Er bleibt unverändert und wird weiterhin verwendet.

Wenn der Stellantrieb den Heizwasserdurchfluss durch den Heizkörper richtig regeln soll, ist es wichtig, dass er den federnden Ventilstift des Ventileinsatzes *(Abb. 4.7/8)* auch richtig drücken kann. Dazu müssen zwei Vorbedingungen erfüllt werden:

a) Der Ventilstift darf nicht so verkalkt sein, dass er sich gar nicht bewegt (also gar nicht federt).

b) Der herausfahrende Innenkern des Stellantriebs muss den Ventilstift im ganzen Regelbereich betätigen (hineindrücken) können.

4.6 Ventil-Einsatz testen

Abb. 4.7 – Testen Sie vor der Montage eines Funk-Stellantriebs mit der Spitze eines Schraubendrehers, ob sich der Ventilstift des Ventileinsatzes federnd bewegt.

Abb. 4.8 – Durch vorsichtiges Hin- und Herdrehen des Ventilstiftes um seine Achse (in einem Bereich von ca. 45°), kann die Kalkablagerung gelöst werden und das Ventil federt danach wieder, wie es sein sollte.

5 Die richtige Montage eines neuen elektronischen Stellantriebs

Bei den neuen elektronischen Funk-Stellantrieben liegt ein *Adapterset (Abb. 5.1)* bei. Sie werden etwas Geduld brauchen, um dahinter zu kommen, welches der

Hinweis

Suchen Sie sich für die erste „Probefahrt" einen Heizkörper aus, bei dem Sie das kleine Display des Drehantriebs gut ablesen können.

5 Die richtige Montage eines neuen elektronischen Stellantriebs

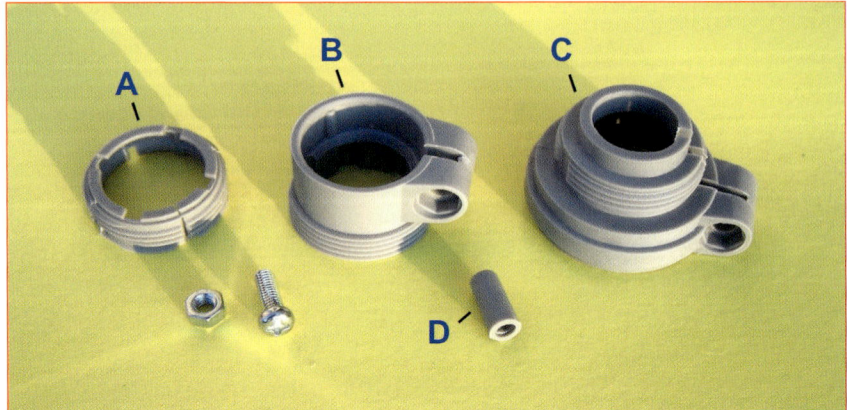

Abb. 5.1 – Den Funk-Stellantrieben liegt ein *Adapterset* bei, mit dessen Hilfe bei Bedarf der Stellantrieb optimal passend an den Heizkörperventileinsatz montiert werden kann; die Antwort auf die Frage „who is who?" müssen Sie selber finden.

Zwischenstücke Sie für Ihren Heizkörper benötigen. Dann werden Sie noch etwas Geduld brauchen, um einen elektronischen Stellantrieb oder einen elektronischen Thermostat richtig auf dem Ventileinsatz zu befestigen.

In den Bedienungsanleitungen sind üblicherweise die drei unterschiedlichen Typen der Ventile mit den empfohlenen Adapterringen abgebildet, die an Heizkörpern oder ihren Zuleitungen montiert sind und auf die der Funk-Stellantrieb aufgesetzt werden soll.

Wichtig

Achten Sie bitte darauf, dass der Adapter-Ring so tief wie möglich an den Heizkörper bzw. auf das Ventilgehäuse gedrückt wird, da andernfalls der Stellantrieb nicht nahe genug an den Stift des Ventileinsatzes montiert wird und diesen nicht bedienen (hineindrücken) kann. Ein vorsichtiges Einklopfen des Adapterrings mithilfe eines Holzstücks kann das Vorhaben unter Umständen erleichtern.

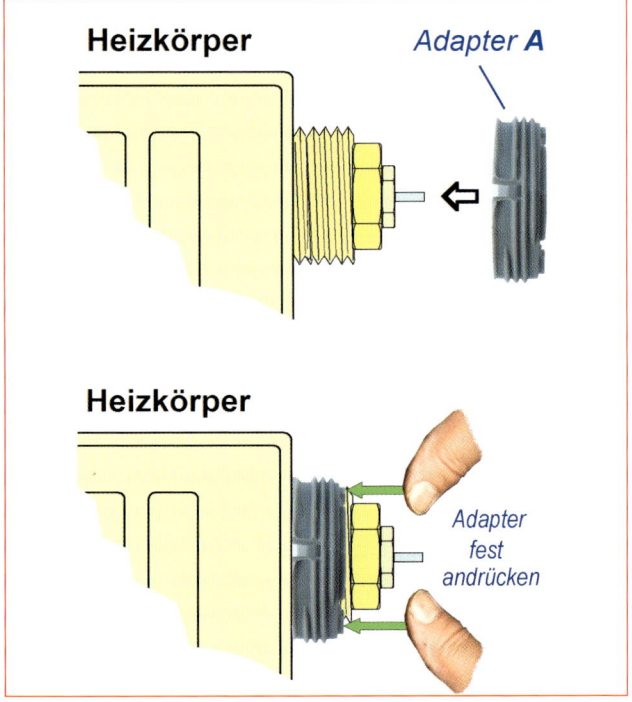

5 Die richtige Montage eines neuen elektronischen Stellantriebs

Der in unserer *Abb. 5.1* als Adapter **A** bezeichnete Ring wird an das Gewinde des Heizkörperventils nur fest angedrückt. Auf sein Außengewinde wird danach der Funk-Stellantrieb bis zum Anschlag angeschraubt.

Der als Adapter **B** bezeichnete Ring wird an das Ventil bis auf Anschlag aufgedrückt und anschließend mit der im Adapterset beiliegenden Schraube (mit Mutter) festgeschraubt. Wichtig ist, dass dabei der Abstand zwischen dem Ventilstift und dem ausfahrbaren Tem-

peraturregler des montierten elektronischen Stellantriebs nicht zu groß ist.

Der in *Abb. 5.1* als Adapter **C** bezeichnete Ring wird an das Ventil ähnlich angebracht wie der Adapter **B,** vorher muss aber die zylindrische Kunststoff-Verlängerung **D** auf den Ventilstift aufgesetzt werden, da ansonsten der Funk-Stellantrieb den Heizkörperventilstift nicht betätigen kann.

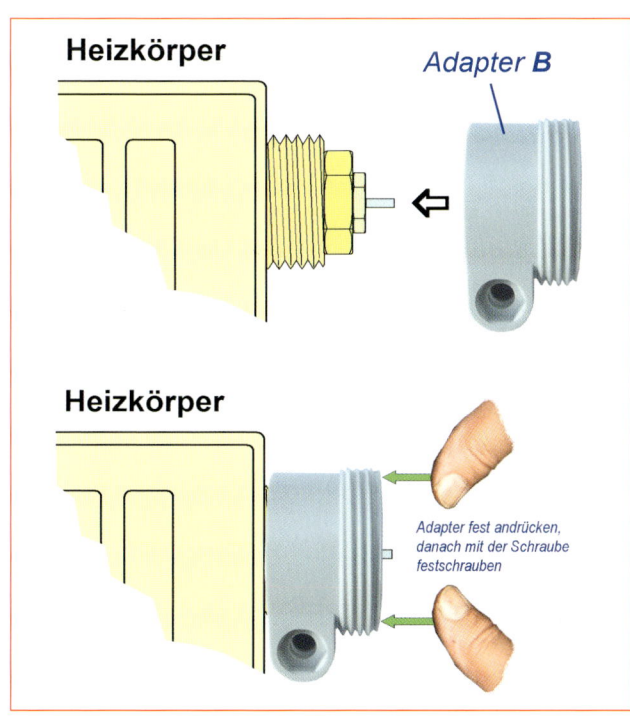

Heizkörper — *Adapter B*

Heizkörper

Adapter fest andrücken, danach mit der Schraube festschrauben

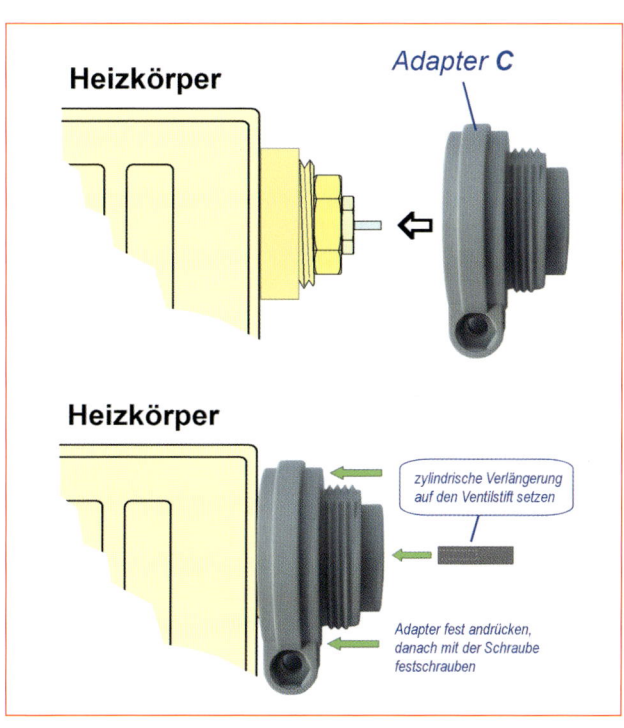

Heizkörper — *Adapter C*

Heizkörper

zylindrische Verlängerung auf den Ventilstift setzen

Adapter fest andrücken, danach mit der Schraube festschrauben

5 Die richtige Montage eines neuen elektronischen Stellantriebs

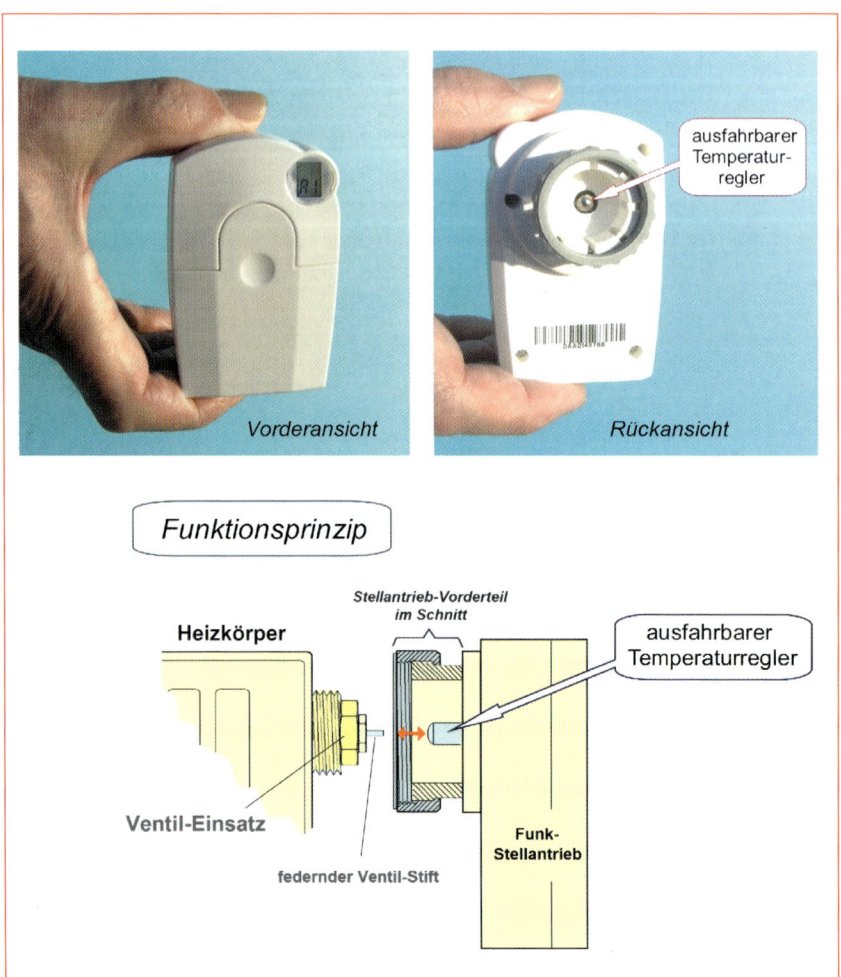

Wichtig ist, dass der ausfahrbare Temperaturregler des Funk-Stellantriebs den Ventilstift des Heizkörperventils ausreichend tief (bis zu seiner Endposition) hineindrücken kann – wie es in Abb. 5.3/5.4 verdeutlicht wird.

Da hier eine zuverlässige optische Kontrolle nach der Montage des Funk-Stellantriebs nicht möglich ist, sollte vor der Montage des Stellantriebs auf den Heizkörper genauestens nachgemessen werden, wie groß der Spielraum zwischen dem ausfahrbaren Temperaturregler (im eingefahrenen Zustand) und dem Ventilstift ist.

Abb. 5.2 – Der Funk-Stellantrieb *FHT 8V* regelt die Heizkörpertemperatur so, dass sein ausfahrbarer Temperaturregler den Ventilstift jeweils so tief eindrückt, dass der Heizwasser-Durchfluss auf die erforderliche Stärke reduziert wird.

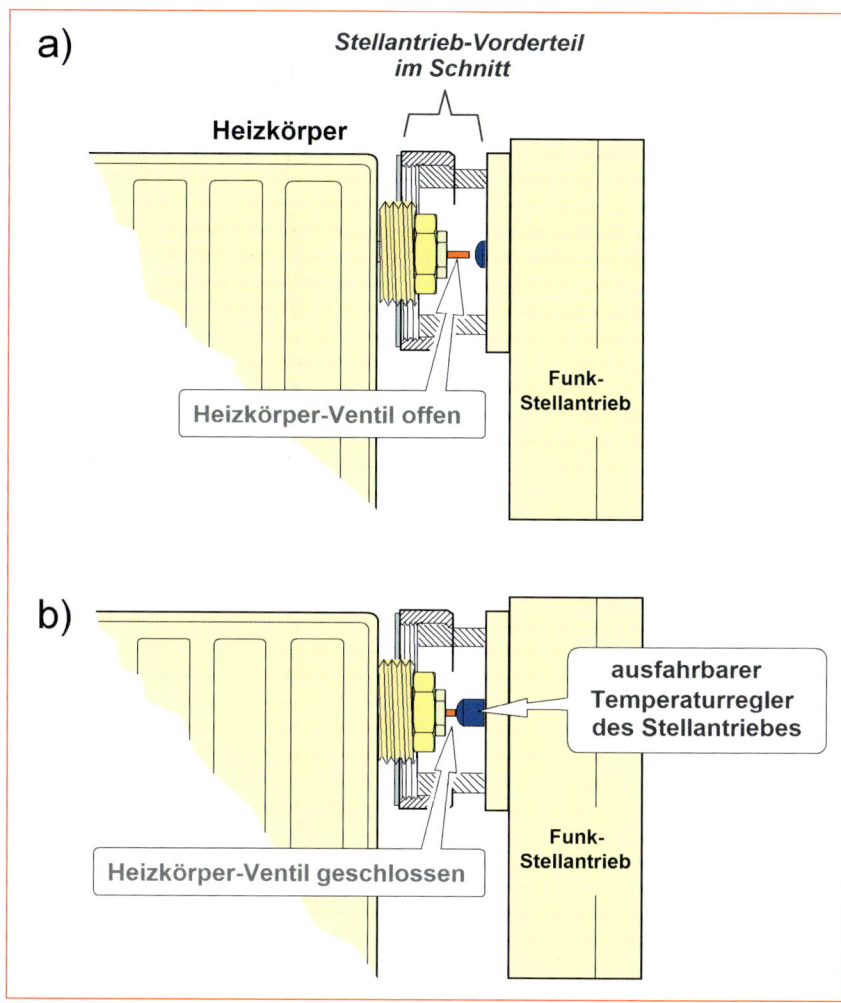

Abb. 5.3 – Funktionsweise des Funk-Stellantriebs: **a)** Vor der Montage des Stellantriebs ist sein Temperaturregler im Gerät voll eingefahren. **b)** Je nachdem, ob das Heizkörperventil automatisch ganz geschlossen oder nur teilweise geöffnet werden soll, drückt der Temperaturregler den Ventilstift voll oder nur teilweise in den Ventileinsatz

Dabei ist Folgendes zu berücksichtigen: Der Temperaturregler kann maximal ca. 4 mm weit aus seinem Gehäuse herausfahren, der Ventilstift arbeitet dagegen nur in einem Bereich von ca. 1,5 mm. Daher dürfte nach der Montage des Temperaturreglers am Heizkörper höchstens ein Zwischenraum von 2,5 mm nach *Abb. 5.4* sein. Dieser Zwischenraum darf selbstverständlich beliebig kleiner sein. Der Temperaturregler darf aber wiederum nicht bereits in seiner voll eingefahrenen Position den Ventilstift eindrücken, denn dann würde er das Heizkörperventil bei Bedarf nie ganz öffnen können.

Die in dem Adapterset beiliegende zylindrische Kunststoff-Verlängerung des Ventilstifts wird in Kombination mit dem Ventiladapter für das Ventil der Type „RAV" angewendet. Da auf einem „RAV"-Ventil nirgendwo vermerkt ist, wie es heißt, bleibt Ihnen nichts anderes übrig, als zu suchen. Zum Glück gibt es bei dieser Suche nicht allzu viele Möglichkeiten und mit etwas Geduld finden Sie die passende Lösung.

5 Die richtige Montage eines neuen elektronischen Stellantriebs

Sollte sich dabei herausstellen, dass die Kunststoff-Verlängerung *(Abb. 5.5)* zu lang ist, kann sie durch Abfeilen (oder Absägen mit einer Laubsäge) etwas gekürzt werden. Bedenken Sie aber bitte: *Ab*sägen ist leicht, *„Dran*sägen" lässt sich nichts mehr. Anderseits ist es nicht schwer, aus einem Stückchen Plexiglas oder Metall einen kleinen Verlängerungsstift bzw. eine kleine Verlängerungskappe eigenhändig herzustellen.

Nachdem Sie an einem Ihrer Heizkörper die Montage eines Funk-Stellantriebs erfolgreich hinter sich gebracht haben, können Sie die erste Probefahrt in Angriff nehmen. Sie sollten dabei in folgenden Schritten vorgehen:

Schritt 1: Batterien einlegen

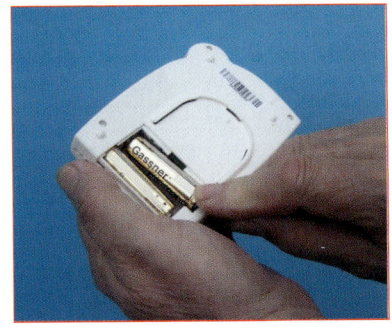

Achten Sie darauf, dass Sie die Batterien in richtiger Polarität in beide Geräte einlegen.

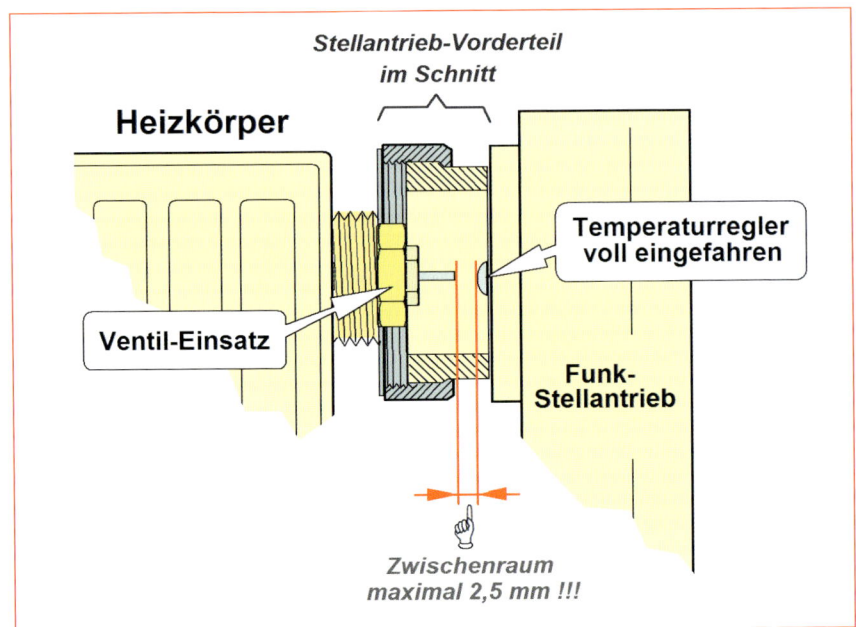

Abb. 5.4 – Der Zwischenraum zwischen dem ausfahrbaren Temperaturregler des Stellantriebs und dem Stift des Heizkörperventileinsatzes darf bei einem richtig montierten Stellantrieb nicht größer als 2,5 mm sein (andernfalls kann der Stellantrieb den Heizkörper nicht voll schließen bzw. gar nicht regeln).

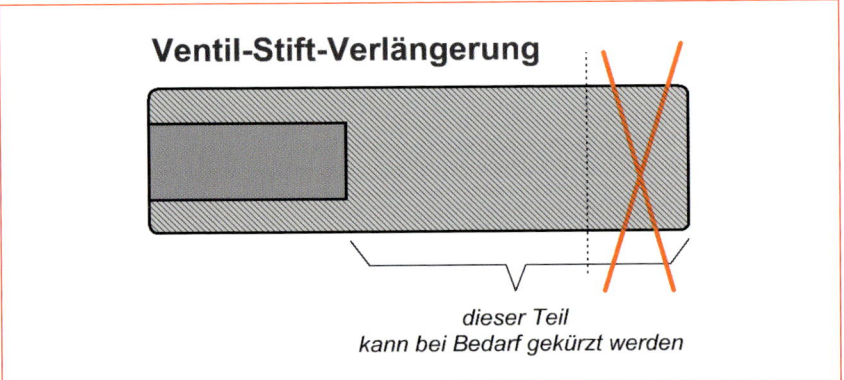

Abb. 5.5 – Die zylindrische Kunststoffverlängerung für den Ventilstift kann bei Bedarf durch Abfeilen etwas gekürzt werden – Vorsicht ist aber geboten: rückgängig lässt sich das nicht machen!

Schritt 2: Raumregler vorprogrammieren

Den Raumregler können Sie bequem erst auf dem Tisch programmieren (bevor Sie ihn in die Wandhalterung auf der Wand einschieben, wie es in der Bedienungsanleitung beschrieben wird). **Wichtig:** Halten Sie den Raumregler nicht länger und nicht kräftiger in der Hand, als notwendig ist, denn er wärmt sich sonst zu sehr auf und zeigt dann vorübergehend eine zu hohe Raumtemperatur an – was irritierend sein kann.

Auf dem, Display des Raumreglers wird ein Jahr (z. B. 2004) angezeigt. Durch Drehen des Raumregler-Drehknopfs stellen Sie das aktuelle Jahr, anschließend den Monat, den Tag und die Zeit ein.

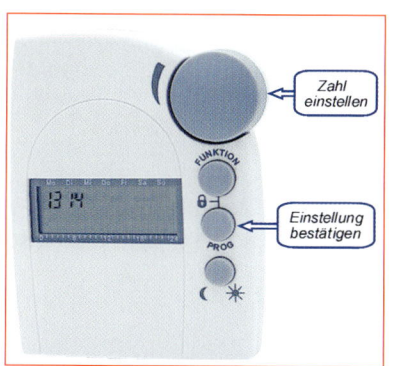

Der Vorgang dabei ist sehr einfach: Sie stellen mit dem Drehknopf das Jahr ein, bestätigen es mit kurzem Antippen der Taste „PROG" und das Display zeigt danach einen „Phantasie-Monat" als Ziffer an. Sie drehen wieder an dem Drehknopf, bis Sie den aktuellen Monat finden, tippen danach erneut auf die Taste „PROG" und am Display erscheint ein „Phantasie-Tag". Nachdem Sie auch den Tag einprogrammiert haben, zeigt das Display die Zeit an, die Sie auf die gleiche Weise mit dem Drehknopf einstellen und mit der Taste „PROG" jeweils bestätigen (erst Stunden, dann Minuten).

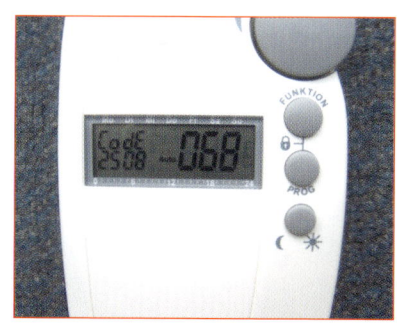

Nachdem Sie die Minuten mit dem Drehknopf eingestellt und mit der Taste „PROG" bestätigt haben, zeigt das Regler-Display links den vom Hersteller einprogrammierten Sicherheitscode an. Rechts läuft

eine Anzeige an, die mit 120 anfängt und im Sekundentakt herunterzählt.

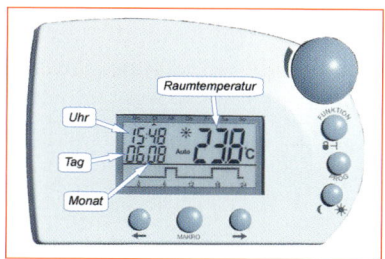

Nach Ablauf von zwei Minuten erscheinen auf dem Display die Zeit, das Datum (das Sie eingegeben haben) und die momentane Raumtemperatur. Ein kleines schwarzes Dreieck zeigt zudem am oberen Display-Rand den Tag an.

Sollte es vorkommen, dass der Raumregler einen falschen Tag anzeigt, obwohl das Datum auf dem Display stimmt, haben Sie wahrscheinlich nicht das richtige Jahr einprogrammiert. Die Abhilfe ist einfach: Sie nehmen eine der Batterien aus dem Raumregler für ca. zehn Sekunden heraus, setzen sie danach wieder (richtig polarisiert) ein und programmieren alles nochmals von Anfang an. Sie werden dabei die bereits eingegebenen Daten nicht mehr neu einprogrammieren müssen, sondern können durch wiederholtes Antippen der Taste „PROG" alle Eingaben auf Richtigkeit überprüfen bzw. nach

5 Die richtige Montage eines neuen elektronischen Stellantriebs

Wunsch mit dem Drehknopf ändern.

Schritt 3: Stellantrieb programmieren

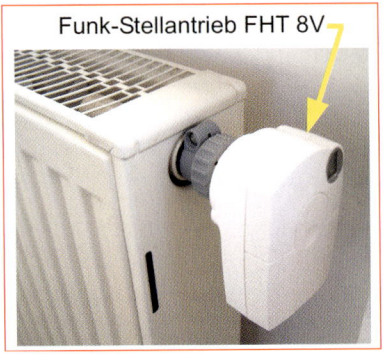

Funk-Stellantrieb FHT 8V

Das Programmieren des Stellantriebs bzw. mehrerer Stellantriebe verläuft zwar bei allen Funk-Raumreglern und Funk-Hauszentralen nach einem weitgehend identischen Schema, weist jedoch typbezogene Unterschiede auf, die in den beiliegenden Bedienungsanleitungen beschrieben und mit praktischen Beispielen erläutert sind. Wie bei jedem neuen Gerät mit aufwendigeren Funktionen stellt auch bei diesen Geräten das Programmieren gewisse Ansprüche an Geduld und Experimentierfreudigkeit, denn auf Anhieb gelingt so ein Anliegen nur in seltenen Fällen.

Sollte es vorkommen, dass der Funk-Stellantrieb am Heizkörper länger nur hörbar hin und her fährt und keine Ruheposition findet, kann es darauf hindeuten, dass sein ausfahrbarer Regler zu weit weg von dem Ventilstift montiert ist und diesen nicht ausreichend betätigen kann. Gibt es dahingehend Zweifel, kann der Stellantrieb jederzeit vom Heizkörper montiert werden, um dann mit einem Messschieber alles genau nachzumessen und einzustellen.

Wichtig: Bevor Sie während des Experimentierens einen Funk-Stellantrieb wieder zurück auf einen Heizkörper montieren, ist es wichtig, dass sein ausfahrbarer Temperaturregler im Gerät voll eingefahren ist. Das können Sie auf dem Tisch z. B. auf folgende Weise erledigen:

Hinweis

Wenn Sie z. B. einen Funk-Raumregler FHT 80B im Set mit einem Funk-Tür-/Fenster-Kontakt und -Melder als eine Einheit kaufen, ist dieser Raumregler möglicherweise bereits herstellerseitig für die „Zusammenarbeit" mit dem Funk-Tür-/Fenster-Kontakt vorprogrammiert. In dem Fall sollten Sie für die ersten Experimente gleich auch den Tür-/Fenster-Kontakt zumindest auf dem Tisch „flott machen": Batterien einlegen und seinen Magneten neben den Melder so positionieren, dass er es als ein geschlossenes Fenster wahrnimmt und seinen Raumregler entsprechend informiert. Der Raumregler wird Sie dann nicht damit nerven, dass er auf seinem Display ständig ein „offenes Fenster" meldet und eine Anhebung der Raumtemperatur aus diesem Grund verweigert.

Schritt 1: Einfahren des Temperaturreglers

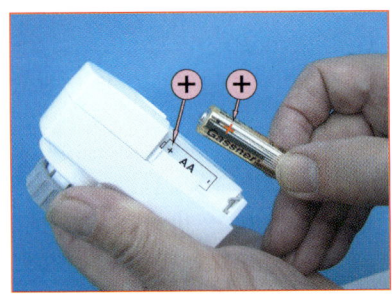

Legen Sie die Batterien richtig polarisiert in den Stellantrieb ein.

Schritt 2: Start des Motorantriebs

Sie starten den Motorantrieb dieses Gerätes, wenn Sie die Taste oberhalb seiner Batterien etwas länger drücken.

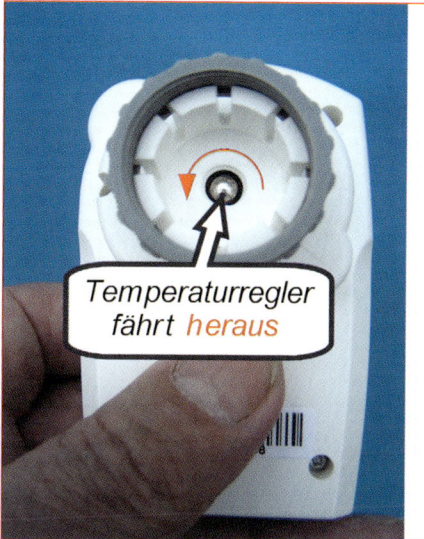

Temperaturregler fährt *heraus*

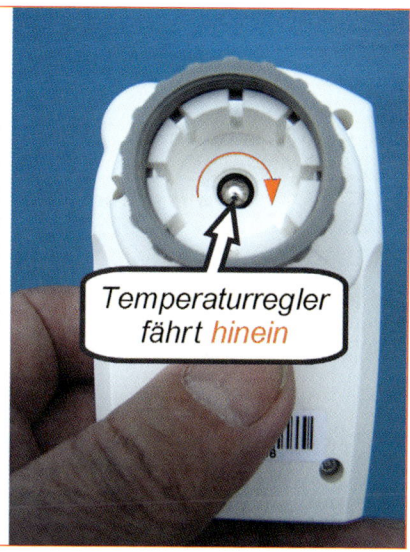

Temperaturregler fährt *hinein*

Abb. 5.6 – Die Kappe des Stellantriebs dreht sich beim Herausfahren gegen den Uhrzeigersinn, beim Hineinfahren im Uhrzeigersinn.

Schritt 3: Stopp des Motorantriebs

Sie müssen den Motorantrieb des Stellantriebs in dem Moment stoppen, in dem er im Gerät voll eingefahren ist. Das können Sie optisch leicht nachvollziehen: Wenn der Temperaturregler des Funk-Stellantriebs aus dem Gerät herausfährt, dreht sich dabei seine Kappe (sehr langsam) gegen den Uhrzeigersinn. Fährt der Temperaturregler in das Gerät hinein, dreht seine Kappe im Uhrzeigersinn – wie in *Abb. 5.6* eingezeichnet ist. In dem Moment, in dem die Kappe voll eingefahren ist, stoppt der Motorantrieb. Unter Umständen stoppt er nur für einen Augenblick und fängt danach wieder an herauszufahren. Erneutes Herausfahren können Sie am einfachsten dadurch verhindern, dass Sie dann, wenn der Temperaturregler gerade voll eingefahren ist, eine der Batterien schnell herausnehmen. Der Antriebsmotor stoppt dann und der Stellantrieb kann wieder an den Heizkörper montiert werden. Nun können Sie weitere Versuche vornehmen.

Hinweis

Die Stellantriebe **FHT 8V** können bei allen der hier beschriebenen Raumregler und Hauszentralen universell angewendet werden. Für Anwendungen in öffentlichen Bereichen gibt es alternativ auch noch Funk-Stellantriebe („Kieback&peter-Stellantriebe") mit Diebstahl- und Sabotageschutz *(Abb. 5.7)*. Diese Stellantriebe können nicht ohne ein Spezialwerkzeug abgeschraubt werden und eine Sabotagesicherung verhindert das Öffnen des Batteriefachs *(Abb. 5.8)*.

5 Die richtige Montage eines neuen elektronischen Stellantriebs

Abb. 5.7 – Bei dem „Kieback&peter-Stellantrieb" ist das Abschrauben ohne Spezialwerkzeug nicht möglich.

Abb. 5.8 – Eine spezielle Sabotagesicherung verhindert bei dem „Kieback&peter-Stellantrieb" das Öffnen des Batteriefachs.

5.1 Entlüftung der Heizkörper

Haben Sie in einem Raum mehrere Heizkörper, die von einem gemeinsamen Raumregler bzw. von einer Hauszentrale gesteuert werden, sollten sie bei einer optimalen Temperaturregelung alle gleich warm sein – was einfach nach *Abb. 5.9* getestet werden kann. Ist dem nicht so, kann es eventuell daran liegen, dass der deutlich kühlere Heizkörper nicht gut entlüftet ist.

An jedem Heizkörper befindet sich oben ein Entlüftungsventil, das ähnlich wie ein kleiner Wasserhahn funktioniert *(Abb. 5.10)*. Es lässt sich nur mit einem kleinen speziellen Schlüssel betätigen (der z. B. im Eisenwarenhandel und in Baumärkten erhältlich ist). Wird das Entlüftungsventil um ca. 90° vorsichtig aufgedreht, strömt oft erst heiße Luft aus. Danach folgt das Wasser, das mit einer Tasse unter dem Ventil aufzufangen ist. Sobald das Wasser aus dem Ventil ruhig und ohne ein Zischen fließt, ist der Heizkörper entlüftet und das Ventil kann wieder fest zugedreht werden.

Hinweis

Nach dem Entlüften der Heizkörper sollte der Druck im Heizkreis an dem Heizkessel-Manometer kontrolliert werden. Falls er durch das Entlüften mehrerer Heizkörpern zu sehr gesunken ist, muss das Heizwasser aus der Trinkwasserzuleitung am Heizkessel nachgefüllt werden.

Abb. 5.9 – Ein gut entlüfteter Heizkörper sollte vollflächig einheitlich warm sein

Entlüftungsventil

↺ = öffnen
↻ = schließen

Abb. 5.10 – An allen Heizkörpern befindet sich ein Entlüftungsventil, das mit einem speziellen kleinen Schlüssel jederzeit entlüftet werden kann.

5.2 Ungleichmäßige Heizkörpertemperatur

Die Stellantriebe sind mit einem kleinen Display versehen, das *(nach Abb. 5.11)* in % anzeigt, wie weit der Stellantrieb das Heizkörperventil jeweils geöffnet hat.

Werden mehrere Heizkörper von einer Funk-Regeleinheit oder Funk-Hauszentrale gesteuert, kann es vorkommen, dass sie unausgewogen stark heizen, obwohl die Displays an einzelnen Stellantrieben die gleichen Positionen der Heizkörperventile in % anzeigen. Die Ursache liegt oft bei einem unterschiedlichen Durchflussverhalten der Heizkörper, ihrer Ventile und der eventuell fehlerhaft dimensionierten Durchmesser der Heizwasserleitungen. Diese Unausgewogenheit lässt sich meist durch eine Umprogrammierung der Heizkörper-Steuerung in der Regeleinheit bzw. der Hauszentrale (die als Regeleinheit funktioniert) beheben. Zu diesem Zweck verfügt das Regelprogramm über eine Sonderfunktion, die als *Offset* bezeichnet wird. Diese Funktion kann nach *Abb. 5.12* abgerufen werden. Nach den Hinweisen in der Bedienungsanleitung kann dann die automatische Funktion des Stellantriebs des zu schwach heizenden Heizkörpers zweckorientiert eingestellt werden.

Mit Hilfe dieser Funktion kann die Temperaturregelung an einzelnen Heizkörpern, experimentell angemessen, unterschiedlich eingestellt werden. Bei dem Heizkörper,

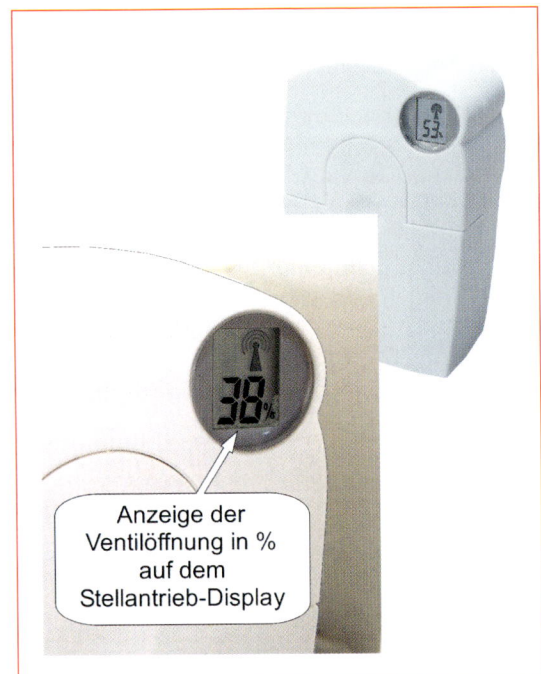

Anzeige der Ventilöffnung in % auf dem Stellantrieb-Display

Abb. 5.11 – Am Display des Funk-Stellantriebs kann abgelesen werden, wie weit jeweils das Heizkörperventil in % geöffnet ist.

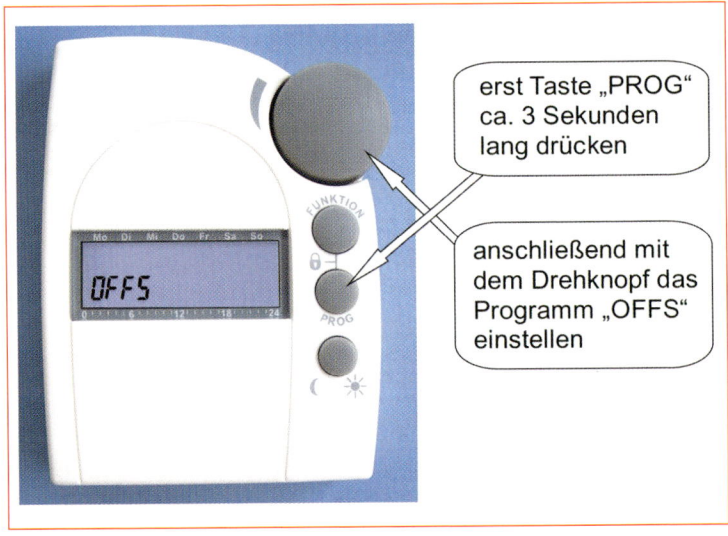

erst Taste „PROG" ca. 3 Sekunden lang drücken

anschließend mit dem Drehknopf das Programm „OFFS" einstellen

Abb. 5.12 – Auf der Regeleinheit (bzw. auch auf der Hauszentrale) kann mithilfe der Sonderfunktion „Offset" (OFFS) die automatische Regelung des Ventils eines zu schwach heizenden Heizkörpers so verändert werden, dass sich dieser an die Wärmeleistung der restlichen Heizkörper anpasst.

5.2 Ungleichmäßige Heizkörpertemperatur

der im Vergleich mit den anderen Heizkörpern (im selben Raum) etwas zu kühl ist, kann mithilfe der Umstellung des Offsets der Stellantrieb so eingestellt werden, dass er das Ventil bei dem zu kühlen Heizkörper jeweils etwas mehr öffnet, um durch ihn das Heizwasser kräftiger strömen zu lassen.

Möchten sie genauer überprüfen, wie es mit den Unterschieden der Heizwasser-Temperatur am Vor- und am Rücklauf der einzelnen Heizkörper konkret aussieht, können Sie dies mithilfe eines „Küchen-Fleischthermometers"

nach *Abb. 5.13* kontrollieren. Das Thermometer sollte an das Heizwasser-Rohr mit z. B. jeweils einer Kupfer-Litze (die Sie aus einem Stück alter Netzschnur herauszwicken können) „festgeschnürt" werden.

Der Temperaturunterschied zwischen der Vor- und der Rücklaufleitung des Heizwassers sollte zwischen ca. 15 °C und 30 °C liegen. Ist er größer, sollte der Drehzahlregler an der Heizkreispumpe *(Abb. 5.13)* des Heizkessels (auf die Jahreszeit bezogen) um eine Stufe höher geschaltet werden – und umge-

kehrt. Da mit steigender Drehzahl der Heizkreispumpe auch ihr Stromverbrauch steigt, braucht sie nicht schneller (kräftiger) zu drehen als unbedingt notwendig. In der Praxis dürfte es nur an sehr kalten Wintertagen erforderlich sein, dass die Heizkreispumpe schneller dreht, um das Haus ausreichend warm halten zu können. Bei manchen aufwendigen Heizkesseln übernimmt diese Regelung die Heizkessel-Elektronik und die Leistung bzw. Drehzahl der Heizkreispumpe kann nicht manuell ein- oder umgestellt werden.

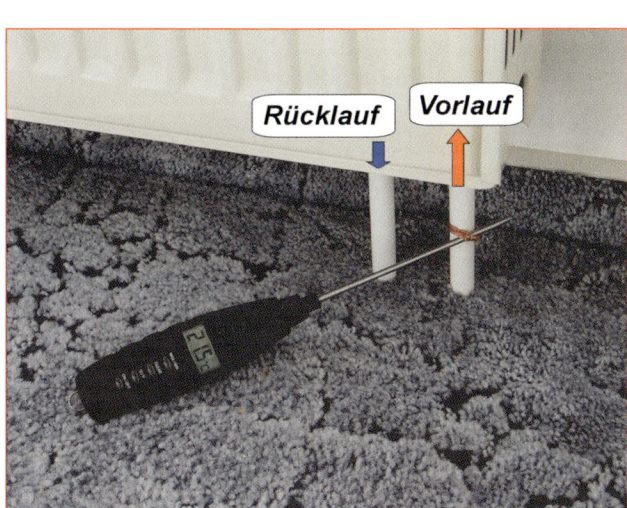

Abb. 5.13 – Die Vorlauf- und Rücklauf-Temperatur des Heizwassers kann mithilfe eines Küchen-Fleischthermometers ausreichend gut gemessen werden.

Abb. 5.14 – Ist der Temperatur-Unterschied zwischen dem Vor- und Rücklauf des Heizkörpers kleiner als ca. 15 °C, sollte der Drehzahl-/Leistungs-Schalter der Heizkreispumpe am Heizkessel auf eine niedrigere Leistungsstufe umgeschaltet werden.

5.3 Hinweise zur Programmierung der Temperaturregelung

Programmieren Sie bitte an den Funk-Raumregler FHT 80B oder an der Funk-Hauszentrale FHZ 1000 erst probeweise eine Raumtemperatur ein, die deutlich tiefer ist als die momentane Raumtemperatur. Wenn der Funk-Stellantrieb gut funktioniert, muss er in dem Fall das Heizkörperventil voll schließen und der Heizkörper muss anschließend kühl werden – wozu er allerdings etwas Zeit brauchen wird. Was man sich unter der Formulierung „etwas Zeit" vorstellen muss, können Sie an einem anderen Heizkörper gleicher Größe testen, der noch mit einem mechanischen Thermostat versehen ist und sich in einem Raum befindet, in dem ungefähr dieselbe Temperatur herrscht wie in dem „Testraum".

Stellen Sie bei diesem Experiment fest, dass der Heizkörper von dem Funk-Stellantrieb nicht ganz oder gar nicht geschlossen wurde, weist es auf eine Fehlfunktion des Ventileinsatzes am Heizkörper hin: Meist ist entweder das Ventil verkalkt und kann rein mechanisch nicht gut schließen oder zwischen dem Ventilstift des Heizkörpers und dem ausfahrbaren Temperaturregler des Funk-Stellantriebs ist ein zu großer Zwischenraum. Der Stellantrieb kann dann den Ventilstift nicht voll eindrücken und somit schließen.

Wie Sie ein verkalktes (verklebtes) Ventil „wieder beleben" können, erläutern *Abb. 4.8* und die dazu gehörende Beschreibung. Um das Problem einer zu großen Lücke zwischen dem ausfahrbaren Temperaturregler des Stellantriebs und des Ventilstifts bewältigen können, finden Sie im Kapitel *„Die richtige Montage eines neuen elektronischen Stellantriebs"* hilfreiche Aufklärung.

Nachdem alles perfekt funktioniert, werden Sie sich mit der Frage der optimalen Tag- und Nachttemperatu-ren in den dafür vorgesehenen Räumen auseinandersetzen müssen bzw. die optimalen Werte der „Komforttemperatur" und der „Absenktemperatur" einfach probeweise finden. Jegliche externen Ratschläge bezüglich der „zumutbaren" Temperaturen für Ihr Wohn- oder Schlafzimmer sollten Sie dabei ignorieren, denn kein Außenstehender kann beurteilen, welche Raumtemperatur für Ihr Wohlbefinden und für Ihre Gesundheit angemessen ist – was auch für alle Mitbewohner gilt.

Von der Bausubstanz und der Inneneinrichtung Ihres Hauses hängt auch ab, wie schnell die Innenräume während der Absenktemperatur auskühlen und wie viel zusätzliche Heizenergie sie wieder verbrauchen, um bis zum „Soll" der Komforttemperatur alles aufzuwärmen. Von der Akkumulationsfähigkeit der Wärme (oder der Kälte), die Ihre Wände, Möbel, Teppiche und alle Gegenstände haben, die in der Wohnung stehen, hängt ab, wie schnell sich ein Raum aufheizen oder abkühlen lässt. Dieser Aspekt ist unter anderem zu berücksichtigen, wenn das Haus oder die Wohnung z. B. während des Winterurlaubs für eine längere Zeit verlassen wird. Hier sollte ein rechtzeitiges „Wiederaufwärmen" einprogrammiert werden. Noch vorteilhafter ist es, wenn die Hauszentrale bei Bedarf auch telefonisch (z. B. vom Handy aus) einen entsprechenden Befehl zum Hochfahren der Temperatur erhält, um ein vorübergehend ausgekühltes Haus oder eine ausgekühlte Wohnung wieder rechtzeitig aufzuwärmen. Es empfiehlt sich aber, bei nur kurzzeitiger Abwesenheit die Räume nicht zu stark auskühlen zu lassen, da sonst unnötig viel Energie benötigt wird, um sie wieder aufzuheizen.

6 Haussteuerung mit Funk-/WLAN-PC-Interface

Eine komplexere Haussteuerung über den PC ermöglicht das bereits angesprochene spezielle Funk-PC-Interface, das als elektronischer Hausmeister im Haus so ziemlich alles steuern, regeln, überwachen und registrieren kann. Es enthält einen Sender und einen Empfänger, die die Signale von und zu den Komponenten der Haussteuerungssysteme übertragen und stellt somit ein Verbindungsglied aller Funk-Geräte der FS20-Gruppe mit einem PC dar. Mit dem PC können verschiedenste Situationen, Messergebnisse und Ereignisse abgerufen und ausgewertet werden. Eine Homeserver-Software, die jedem solchen Interface beiliegt, ermöglicht das individuelle Erstellen von Haustechnik-Steuerszenarien über eine grafische Bedienoberfläche.

Bevor wir uns aufwendigere Aufgabenbewältigungen näher ansehen, die ein solches PC-Interface in Kombination mit einem „normalen" PC meistern kann, knüpfen wir an die Vorinformationen an, die bereits im Zusammenhang mit den Abbildungen 3.8 und 3.9 nur kurz verfasst wurden:

Es gibt drei verschiedene Geräte, mit deren Hilfe die Daten von diversen Sendern und Meldern der FS20-Gruppe an einen PC weitergeleitet werden können:

Abb. 6.1 – Der PC als intelligenter Hausmeister, der neben einer individuell konfigurierten zentralen Vernetzung aller Komponenten der beschriebenen Systeme auch noch sehr viele anspruchsvolle Aufgaben vollautomatisch bewerkstelligen kann.

6.1 PC-Funk-Interface FHZ 1000 PC

Das Gerät weist eine hohe Reichweite der Funkverbindung von bis zu 100 m (Freifeld) auf.

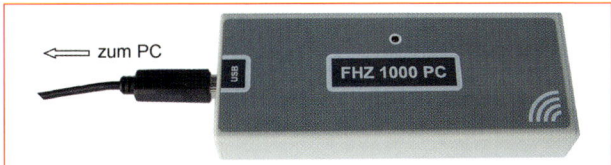

Die Verbindung mit dem PC erfolgt über ein Kabel (USB-Schnittstelle), das auch die Stromversorgung des Interface übernimmt.

Die Standard-Version des **FHZ 1000 PC** steuert allein die Komponenten des FS20-Systems. Die Professional-Version steuert zusätzlich die Komponenten der HMS-Bausteine des **Haus- und Gefahrenmeldesystems HMS 100** und des **FHT Funk-Heizungs-Raumreglers 80b**.

Der geeignete PC muss folgende Mindestvoraussetzungen erfüllen:

- freier USB-Port (1.1/2.0)
- CD-ROM-Laufwerk
- Betriebssystem MS Windows 98 SE/ME/2000/XP

Die Programmierung des Interface erfolgt mithilfe von diversen Beispielen, die mit der Software auf der mitgelieferten CD aufgeführt sind. *Abb. 6.2 bis 6.5* zeigen einige der konkreten Beispiele der Projektbearbeitung auf der Bildschirm-Bedienoberfläche.

Der große Vorteil dieser Art der Systemsteuerung liegt darin, dass viele Aufgaben auch in mehreren Varianten durchflochten und nach einem vorgegebenen Programm in gewünschten Zusammenhängen vom PC automatisch ausgeführt werden können.

Die Programmeinführung, die in der Bedienungsanleitung dem Gerät beiliegt, erläutert unter anderem Schritt für Schritt die Erstellung eines ersten kleinen

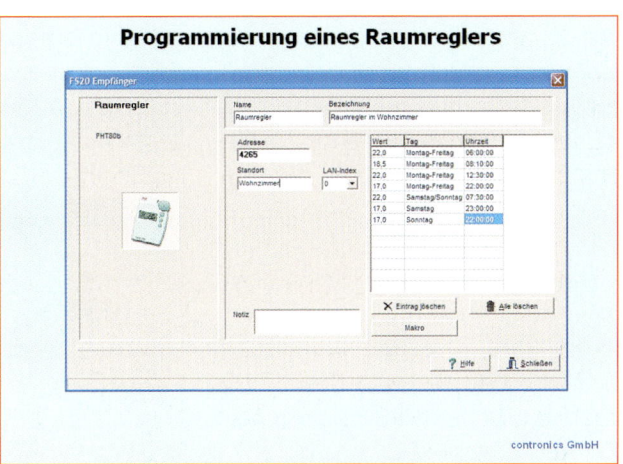

Abb. 6.2 – Raumregler-Temperatur auf dem Bildschirm: Der Raumregler kann vom Bildschirm aus kontrolliert und programmiert werden.*

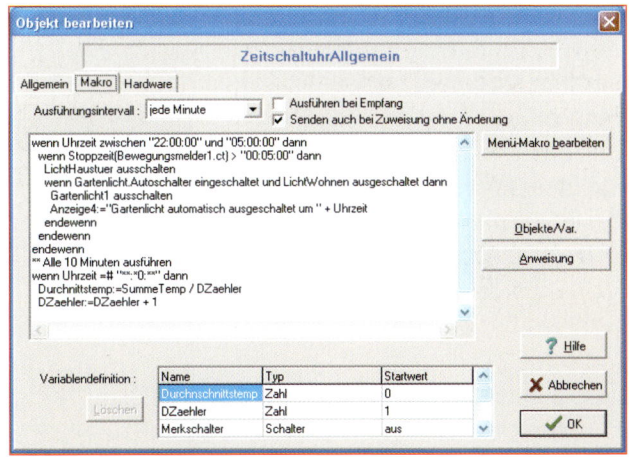

Abb. 6.3 – Beispiel der Programmierung einer Zeitschaltuhr.*

* nur mit FHZ 1000 PC professional und FHZ 1300 PC WLAN

Projektes, bei dem eine Stehlampe über eine FS20-Schaltsteckdose vom PC-Interface ferngeschaltet werden soll. Die Steuerung soll dabei über einen 8-Kanal-FS20-Handsender erfolgen. Dieser steuert jedoch nicht

6.1 PC-Funk-Interface FHZ 1000 PC

die Schaltsteckdose direkt, sondern über den Umweg „*PC-Interface*". Das ist notwendig, damit die Befehle der Fernbedienung auch zur Bildung von Makros – also der Verknüpfung mehrerer Abläufe in verschiedenen Kombinationen – herangezogen werden können. So kann man etwa mit einem Tastendruck auch komplexe Abläufe bis hin zum E-Mail-Versand oder dem Start von weiteren PC Programmen, Musik etc. auslösen.

Der Schwerpunkt dieser Steuerung liegt zwar nicht ausgesprochen bei der Regelung der Raumheizung, aber auf diesem Weg kann die Elektronik viele Routine-Aufgaben übernehmen. Von der kreativen Fantasie des Anwenders und von den jeweiligen Gegebenheiten hängt dann ab, welche Aufgaben der PC mithilfe dieses Interface – und natürlich auch mithilfe weiterer FS20- oder HMS-Bausteine – zu bewältigen hat und auf welchen Vorbedingungen diverse Schaltvorgänge beruhen sollen.

Alarmmeldungen einiger HMS-100-Sensoren (z. B. Gasmelder, Wassermelder) werden an das PC-Interface gesendet, das dann über den PC z. B. eine vorgegebene E-Mail an einprogrammierte „Teilnehmer" versendet oder über den integrierten FS20-Sender ausgewählte Empfänger aus dem um-

fangreichen FS20-Funkschalt-Sortiment aktiviert usw. Die ganze Steuerung kann dann z. B. auf beliebig komplexen Makros beruhen,

die unter anderem auch auf dem Prinzip der Verflechtung sogenannter „Wenn-Dann-Blöcke" beruhen und die Schleifen der Programm-

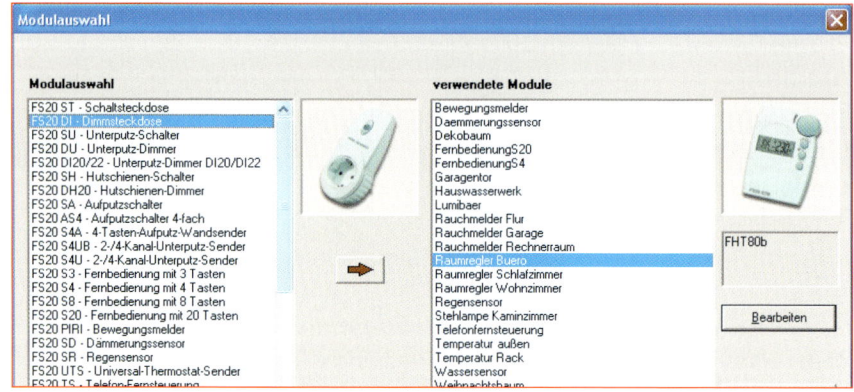

Abb. 6.4 – Beispiel der Auflistung einiger Schaltvorgänge am Bildschirm, die als Makros einfach bearbeitet werden können.*

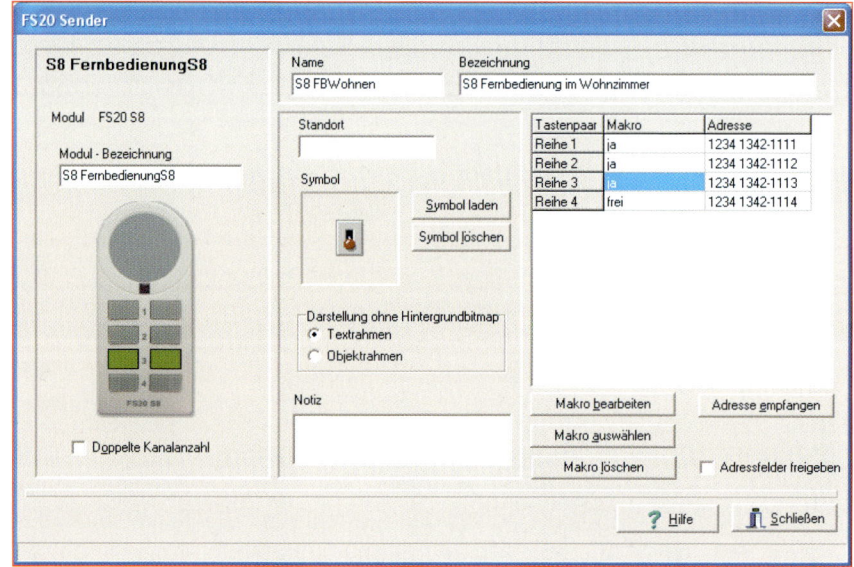

Abb. 6.5 – Beispiel der Programmierung einer Funk-Fernbedienung.*

schritte zu einer Sequenz zusammenfassen. Stellt der PC fest, dass eine Funktion aus dem Rahmen der einprogrammierten Vorbedingungen fällt, kann er einen akustischen Alarm geben oder eine E-Mail versenden, die vorher auf die Art der Störung als eine der Meldungen programmiert wurde, die in der Datenbank des PC „problembezogen" gespeichert ist.

Abb. 6.6 zeigt das Beispiel der Auflistung einiger Schaltvorgänge, wie sie die mit dem Baustein gelieferte Software auflistet. Der Programmieralgorithmus beruht hier auf den Prinzipien der modernen professionellen Gebäudeautomation.

Mit einem Zeichenprogramm können Sie sich nach dem Beispiel in *Abb. 6.8* den Grundriss Ihrer Wohnung oder Ihres Hauses erstellen. Diese Zeichnung wird importiert und mit Drag & Drop werden

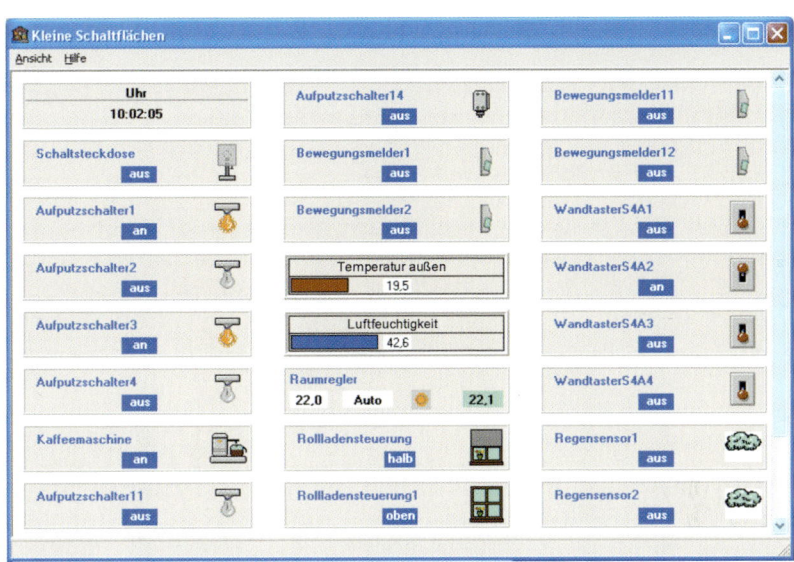

Abb. 6.6 – Im laufenden Betrieb haben Sie am Bildschirm jederzeit alle Zustände des gesamten Systems im Blick und können sofort per Maus eingreifen, um z. B. bei Gefahren oder plötzlichen Wetteränderungen schnell alle Rollläden zu schließen oder andere Maßnahmen vorzunehmen.*

Abb. 6.7 – Zur Haussteuerung gehört auch die Auswertung von Überwachungselementen wie Rauch- und Wasser- sowie Gas- und Bewegungsmelder, die in das PC-Programm als *Gefahrenmeldesystem* aufgenommen werden können: Eine Überschwemmung im Keller kann das System dann z. B. auch übers Internet dem Hausbewohner melden.*

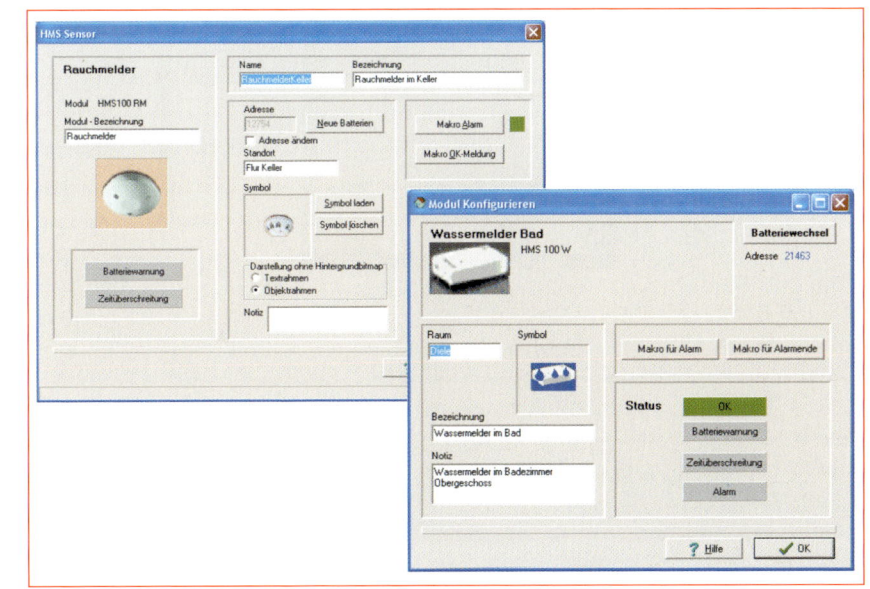

6.1 PC-Funk-Interface FHZ 1000 PC

die programmierten Module als grafische Darstellung auf dem Überwachungs-Bildschirm platziert. Sie zeigen gleichzeitig die aktuellen Zustände aller Akteure an. Bei Bedarf können dazu auch eigene Icons im Bitmap-Format (*.bmp) eingesetzt werden, so dass eine individuelle, gut übersichtliche Bedienoberfläche entsteht.

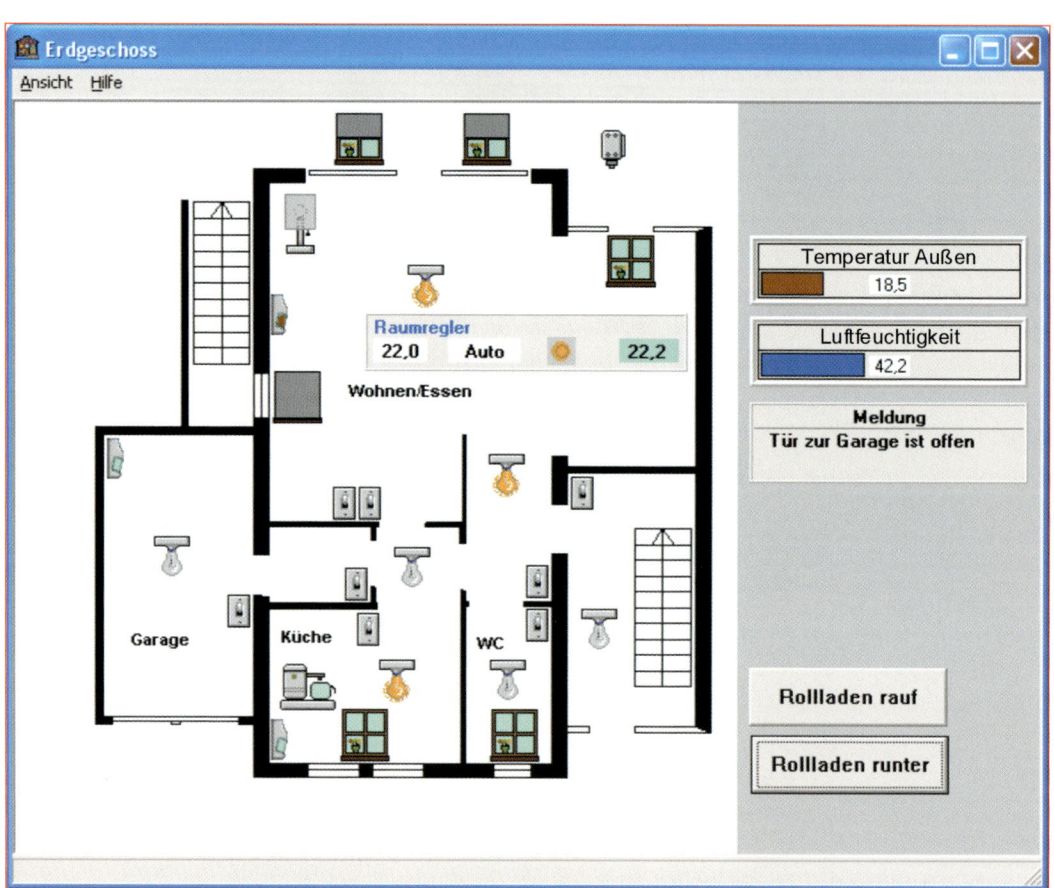

Abb. 6.8 – Den von Ihnen erstellten Grundriss Ihrer Wohnung oder Ihres Hauses können Sie auf dem PC-Bildschirm mit zusätzlichen Anzeigen von Meldungen oder anderen Befehls-Tasten kombinieren.*

6.1 PC-Funk-Interface FHZ 1000 PC

Abb. 6.9 – Eine gute Übersicht erleichtert die Eingabe von Befehlen.*

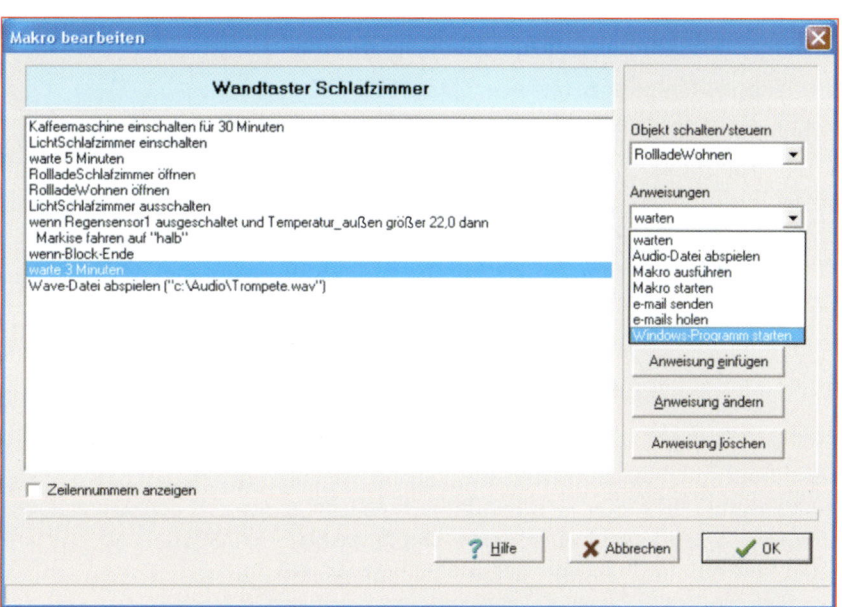

Abb. 6.10 – Der Tag kann mit einem Tastendruck an einem Wandtaster beginnen – die Anweisungen werden zu diesem Zweck am PC vorprogrammiert.*

6.2 PC-Funk-Interface FHZ 1300 PC und FHZ 1300 PC-WLAN

Beide Geräte sind von einer grafisch und intuitiv programmierbaren *Facility-Management-Software* gesteuert.

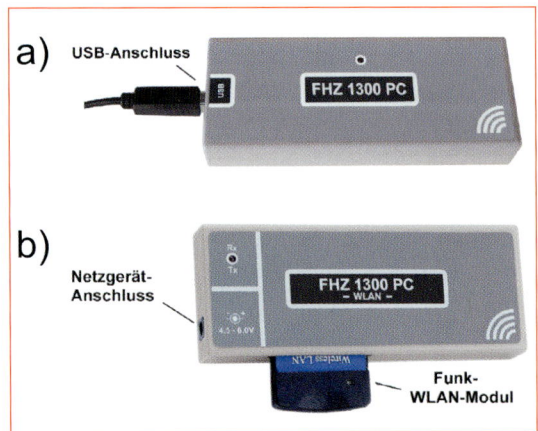

Sie kommunizieren – ähnlich wie die vorher beschriebene **PC-Funk-Interface FHZ 1000 PC –** mit allen Komponenten der Systeme der *FHT-80B-Funk-Heizungssteuerung*, des *HMS*-100-Haus- *und Gefahrenmeldesystems (nicht alle) sowie Wettersensoren (KS 300)* und mit allen Bausteinen der *FS20*-Gruppe. Sie empfangen Meldungen von den Sensoren dieser Systeme, verknüpfen sie intern und reagieren auf die empfangenen Informationen mit Alarmmeldungen, Auskünften, automatischen Schaltbefehlen oder anderweitigen einprogrammierten Maßnahmen.

Diese zwei Interface-Geräte unterscheiden sich voneinander in Hinsicht auf ihre technischen Leistungen nur dadurch, dass das **Funk-Interface FHZ**

1300 PC *(Abb. a)* mit dem PC via Kabel (über die USB-Schnittstelle), das **Funk-Interface FHZ 1300 PC WLAN** *(Abb. b)* dagegen drahtlos via Funk verbunden ist.

Im Vergleich mit dem Funk-Interface *FHZ 1000 PC* sind diese zwei „größeren Brüder" auch noch für eine Einbindung der Geräte mit dem Funk-Kombi-Wettersensor *KS 300 (Abb. 6.11)* ausgelegt.

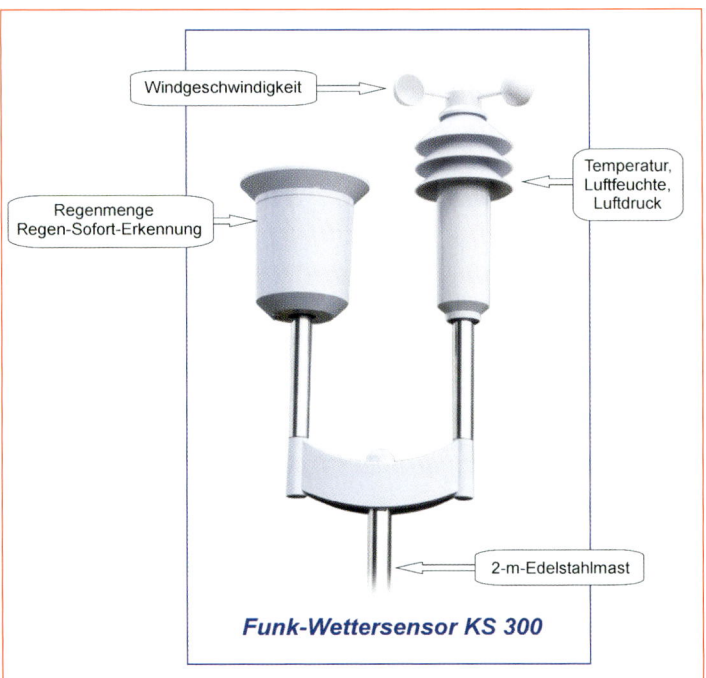

Funk-Wettersensor KS 300

Abb. 6.11 – Der Funk-Wettersensor ***KS 300*** kann in Zusammenarbeit mit dem PC-Funk-Interface z. B. automatisch eine Markise steuern und bereits bei den ersten Tropfen eines aufkommenden Regens oder bei aufkommendem Wind die Markise automatisch einfahren.

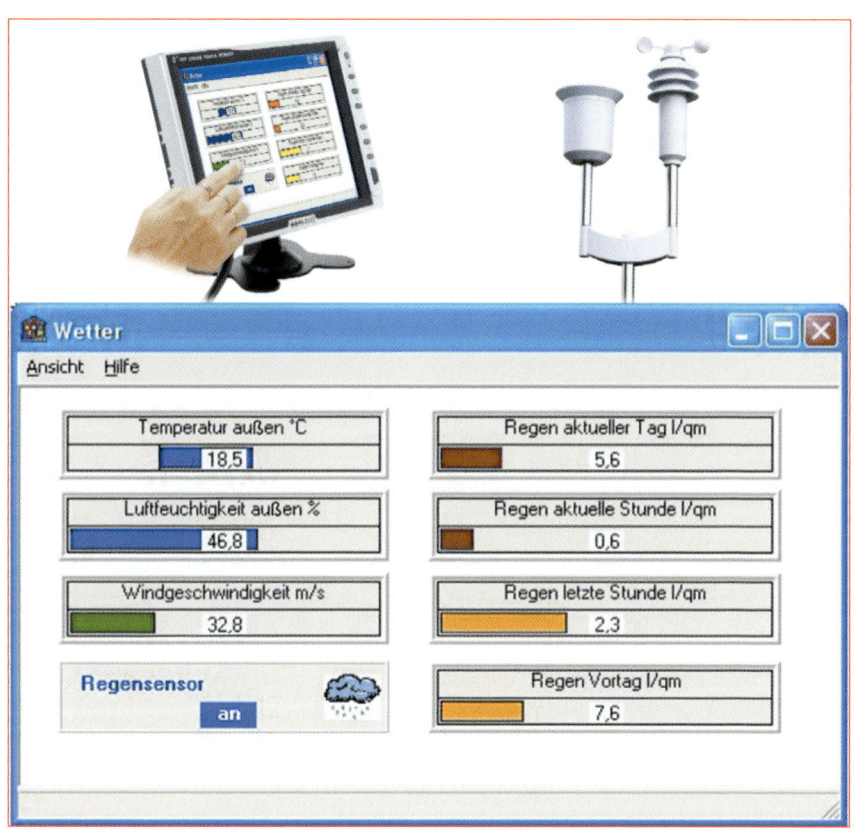

Abb. 6.12 – Durch die Einbindung der vom *Profi-Kombi-Wettersensor KS 300* empfangenen Wetterdaten mit dem PC steht dem Anwender auch eine spezifizierte Übersicht der ermittelten Daten zur Verfügung.

6.3 Zusätzliche Haussteuerungs-Software für FHZ 1000PC, 1300 PC und 1300 PC WLAN

Einige Schritte weiter als der PC-Funk-Interface FHZ 1000/1300 PC geht diese Software noch für ambitionierte Anwender. Sie verfügt unter anderem über zusätzliche Rechen- und „History-Funktionen" mit grafischer Anzeige nach *Abb. 6.13*.

Diese Software bietet auch eine komfortable Objektbearbeitung mit Sprachsteuerung: Durch beliebige Windows-Sprachsteuerungs-Software – z. B. *Dragon Natural Speaking* (nicht im Lieferumfang) – lassen sich durch Benutzer erzeugte Menüs *(nach Abb. 6.14)* mittels Sprache bedienen.

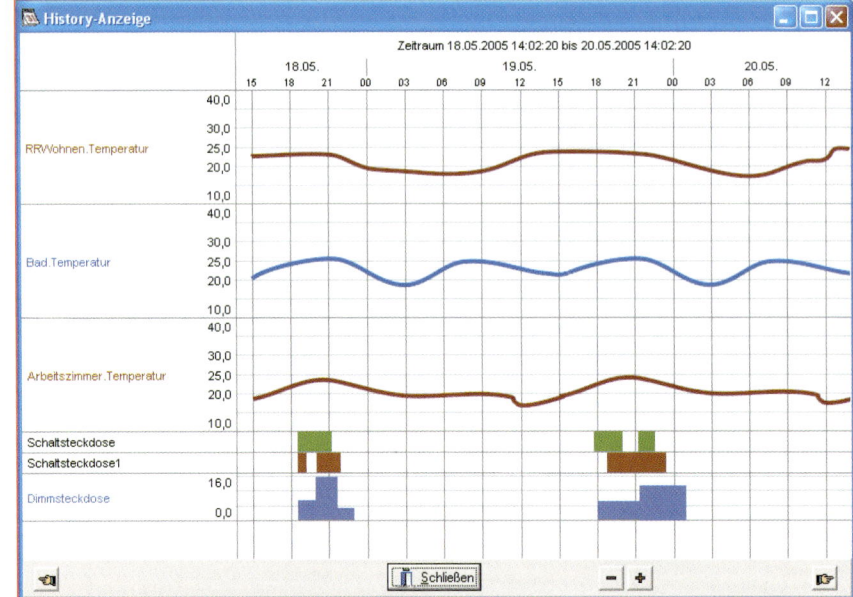

Abb. 6.13 – Beispiel einer grafischen „History-Anzeige", der man unter anderem entnehmen kann, wie sich die einprogrammierte Heizkörperregelung auf die tatsächliche Raumtemperatur auswirkt.

6.3 Zusätzliche Haussteuerungs-Software für FHZ 1000PC, 1300 PC und 1300 PC WLAN

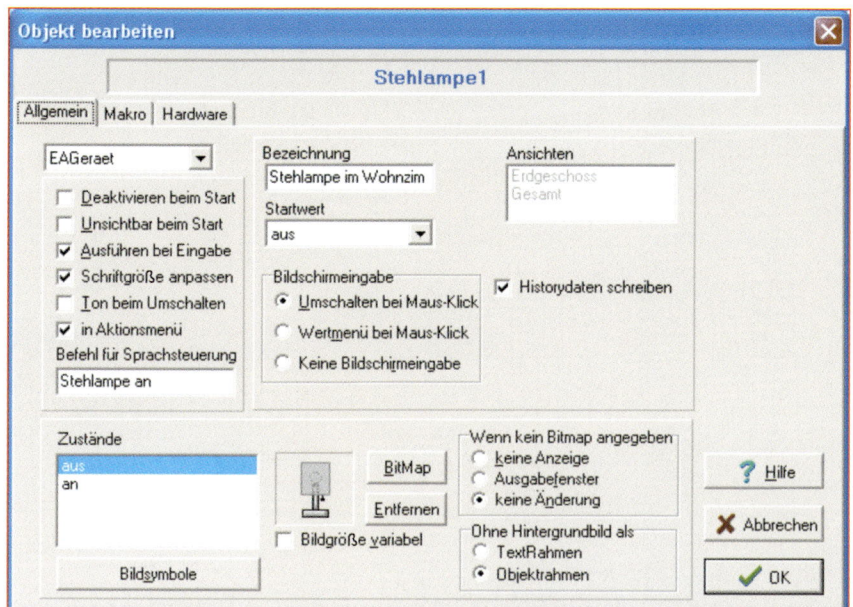

Abb. 6.14 – Für die Objektbearbeitung können einzelne Verbraucher oder Komponenten auf dem Bildschirm übersichtlich aufgelistet werden.

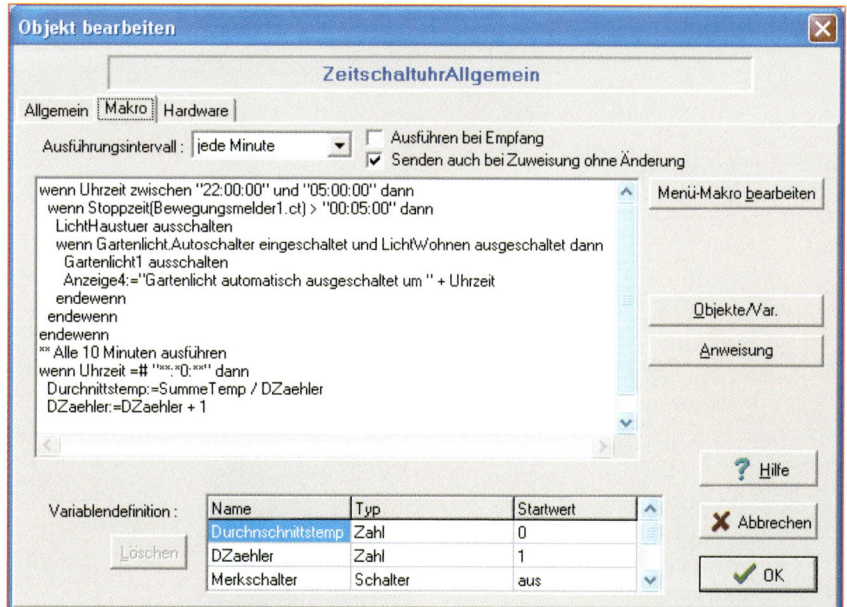

Abb. 6.15 – Beispiel einer Objektbearbeitung am Bildschirm, bei der diese Software eine Einbindung von Rechenfunktionen, Variablen und die Ausführung von Makro-Funktionen in Zeitintervallen ermöglicht.

6.4 Zusätzlicher Homeputer-WEB-Server

Diese zusätzliche Software ermöglicht die Kontrolle und Steuerung aller steuerbaren Komponenten des Funk-Interface FHZ 1X00 PC-Systems über ein Netzwerk oder über das Internet mit einem normalen Browser. Der Zugriff ist kennwortgeschützt. Es können alle aktuellen Zustände und Werte angezeigt und von jedem Internet-Anschluss weltweit geändert werden.

Über ein Verwaltungsprogramm werden hier die HTML-Seiten definiert, die von einem Generator bei Anforderung automatisch erstellt werden. HTML-Kenntnisse sind nicht erforderlich.

Zur Steuerung über das Internet ist die Nutzung eines (kostenfreien) Services für dynamische DNS erforderlich (z. B. *www.dyndns.org*). Einige Bildschirm-Darstellungen zeigen *Abb. 6.14/6.15*.

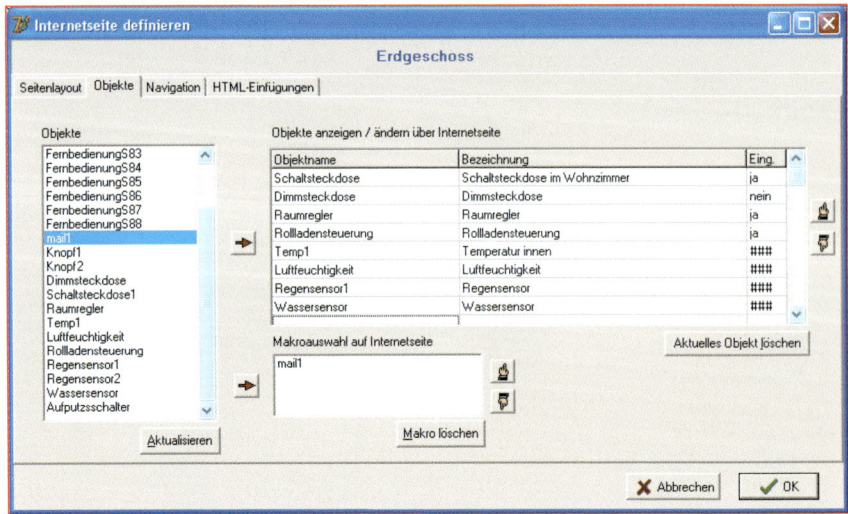

Abb. 6.16 – Kontrolle und Steuerung einzelner Systemkomponenten ist z. B. auch vom Urlaubsort aus möglich.

Abb. 6.17 – Alles im Griff und übersichtlich angeordnet ...

7 Energieeinsparungen bei Heizkesseln

Der Wirkungsgrad eines Heizkessels hängt davon ab, ein wie großer Teil der erzeugten Wärme durch den Schornstein in den Himmel geblasen wird. An der Konstruktion und Pflege des Heizkessels liegt es dann, wie viel der erzeugten Wärme er ausnutzt. Ideal wäre es eigentlich, würde durch den Schornstein nur noch kalte Luft entweichen. Das ist aber schon deshalb nicht realisierbar, weil ein Schornstein nicht „zieht" wenn er nicht ausreichend warme Luft nach oben transportieren kann.

Moderne Heizkessel verfügen allerdings über leistungsstarke elektrische Gebläse, die kräftig die „Kellerluft" durch den Heizkessel und durch den Schornstein ausblasen. Die Hersteller der Heizkessel brauchen sich daher nicht mehr allzu sehr mit dem Hauptproblem der traditionellen Ofenbauer zu belasten, die darauf achten mussten, dass der Ofen auch ordentlich „zieht".

Im Allgemeinen darf man davon ausgehen, dass die moderneren Heizkessel spürbar energiesparender arbeiten als ihre Vorgänger. So mancher neue Heizkessel kann eine Heizstoffeinsparung von etwa 15 bis 25% erbringen. Aber Vorsicht bitte: Eine **Heizstoff**einsparung ist nicht dasselbe wie eine **Heizkosten**einsparung, denn in die tatsächlichen Heizkosten muss auch der Anschaffungspreis des neuen Heizkessels samt Zubehör eingerechnet werden. Ein überteuerter Heizkessel kann dann die Heizkosten kräftig erhöhen, wenn seine Amortisierung und eventuelle hohe Wartungskosten (bzw. die Kosten eines Wartungsvertrags) in die Endkalkulation einbezogen werden.

Bei einem Heizkessel, dessen Wirkungsgrad höher als 100% ist, handelt es sich um ein Perpetuum Mobile. Einen solchen Heizkessel müsste man demnach z. B. nur ein einziges Mal mit einer Tasse Heizöl oder mit einer kleinen Flasche Erdgas starten können und danach dürfte er keine Energie mehr verbrauchen, sondern im Gegenteil den Energie-Überschuss auf irgendeine Weise liefern. Dem ist aber nicht so.

Für den, der mit der Herstellung (und den Kalkulationen) technischer Produkte professionelle Erfahrung hat, liegt auf der Hand, dass die eigentlichen Herstellungskosten eines Heizkessels technisch bedingt nicht höher sein dürften als die einer normalen Haushalts-Waschmaschine. Aus dieser Sicht werden vor allem in den letzten Jahren für die meisten Heizkessel „Fantasiepreise" verlangt, die in keinem technologisch vertretbaren Verhältnis zu dem stehen, was das Endprodukt an Blechen und anderen einfachen Bauteilen bietet. Das einzige Bauteil, das z. B. bei einem Ölheizkessel wirklich hohe Ansprüche an die Herstellungs-Präzision stellt, ist die Heizöl-Einspritzdüse. Sie kostet zwischen ca. 2 Euro (im Großhandel) und 4 bis 5 Euro im Baumarkt.

Der Preis eines Heizkessels sollte demnach nicht als Aussage zur Qualität betrachtet werden. Praktische Erfahrungen zeigen, dass der Kunde vor allem bei kleineren Handwerkerbetrieben, in denen der Chef noch

selbst Hand an die Installationen legt, am ehrlichsten beraten wird.

Einfachere Heizkessel bieten meist auch noch den Vorteil, dass sie überwiegend in Eigenleistung gewartet und gepflegt werden können. Gute Pflege kann sich dabei auf die Heizkosteneinsparung positiv auswirken. Ein Ölheizkessel, der zwei- bis dreimal im Jahr geputzt wird, kann den Heizölverbrauch um bis zu 10% senken. Auch eine jährliche eigenhändige Erneuerung der Einspritz-Düse (die für ca. vier bis fünf Euro zu haben ist), verringert spürbar den Heizöl-Verbrauch.

Mit einer optimalen Luftzufuhr zu dem Heizkessel können Heizkosten ebenfalls eingespart werden. Wenn das Heizkesselgebläse in den Kesselbrennraum eine zu kalte Luft von außen hineinbläst, kühlt es den ganzen Brennraum zu sehr ab und wirkt sich sozusagen als Spielverderber aus. Der Brenner braucht allerdings eine ausreichende Luftzufuhr (Sauerstoff-Zufuhr). Ideal wäre, wenn ihm angemessen vorgewärmte Luft zugeführt werden könnte – was zu gewährleisten ist, wenn der Heizkessel die Luft aus einem warmen Keller (und nicht direkt von außen) bezieht. Das funktioniert jedoch nur dann zufriedenstellend, wenn der Keller warm und groß genug ist und wenn er die Luft z. B. durch ein nur leicht geöffnetes Kellerfenster aus einem entfernten Raum beziehen kann (eine Luftspalte von ca. 5 mm reicht da völlig aus).

> **Hinweis**
>
> Wenn Sie einfachere Wartungsarbeiten an Ihrer Zentralheizung selbst durchführen möchten oder mehr über das Thema in Erfahrung bringen möchten, empfehlen wir Ihnen das Buch **„Öl- und Gasheizung selbst warten und reparieren"**, das unter der ISBN 978-37723-4534-0 im Franzis Verlag erschienen ist.

7.1 Heizenergieverluste in den Heizwasserleitungen

Nicht nur die eigentlichen Zentralheizungs-Heizkörper, sondern auch die Heizwasserleitungen geben ihre Wärme an die Umgebung ab. Die Wärmeverluste werden hauptsächlich von zwei Faktoren bestimmt: von der Wärmeisolierung der Leitungen und von der Temperatur der Räume und Mauern, durch die diese Leitungen zu den Heizkörpern führen.

Heizungsrohre, die durch kalte Keller führen, sollten besonders gut gedämmt werden, denn der Wärmeverlust hängt von dem Unterschied zwischen der Temperatur, des Heizwassers und der Kellertemperatur ab: Je größer dieser Unterschied ist, desto höher sollte der Koeffizient der Wärmedämmung sein. Ansonsten geht ein zu großer Teil der „transportierten" Wärme unterwegs verloren.

Bei einem Neubau rentiert es sich, wenn die Kellermauern aus wärmeisolierenden Tonziegeln, statt aus Betonsteinen erstellt werden. Der tatsächliche Preisunterschied zwischen Tonziegeln und Betonsteinen ist verhältnismäßig gering. Einen spürbaren Vorteil hat davon nur ein Bauunternehmer, bei dem die einzelnen Einsparungen bei einer größeren Zahl von Häusern per Saldo einen Gewinn erbringen können.

Gut wärmeisolierte Tonziegel-Kellermauern können auf die Heizkosteneinsparung oft einen höheren Einfluss haben als z. B. ein gut wärmeisolierter Dachboden. Räume, die sich oberhalb eines relativ warmen Kellers befinden, sind leichter warm zu halten als Räume, deren Fußboden die Decke eines eiskalten Kellers bildet.

Abb. 7.1 – Für die Wärmedämmung der Heizungsrohre bieten die Baumärkte eine große Auswahl an praktischen Materialien, die auf die Durchmesser der Heizungsrohre passend abgestimmt sind.

8   Solarthermische Anlagen

Im Zusammenhang mit der Heizkosteneinsparung sollte der Vollständigkeit halber auch die Unterstützung des Heizkessels mit einer solarthermischen Anlage angesprochen werden. Gegen eine solche Lösung ist zwar prinzipiell nichts einzuwenden, aber Sie sollten dabei folgendes beachten:

Eine solarthermische Anlage spart selbstverständlich Heizstoffkosten ein. Allerdings nur einen Teil des Teils der Heizkosten, der auf das Aufwärmen des Wassers im Warmwasserspeicher entfällt. Der Heizstoffverbrauch, der für das Aufwärmen des Wassers im Warmwasser-Speicher (Boiler) benötigt wird, liegt im Durchschnitt nur bei ca. 8 bis 12 % des gesamten Heizstoff-Verbrauchs. Der Begriff „Durchschnitt" stellt zwar keinen festen Ausgangspunkt für individuelle Planungsüberlegungen dar, aber mitberücksichtigt werden sollte er dennoch. *Abb. 8.2* dürfte Ihnen bei Ihren eventuellen Planungsüberlegungen behilflich sein.

8 Solarthermische Anlagen

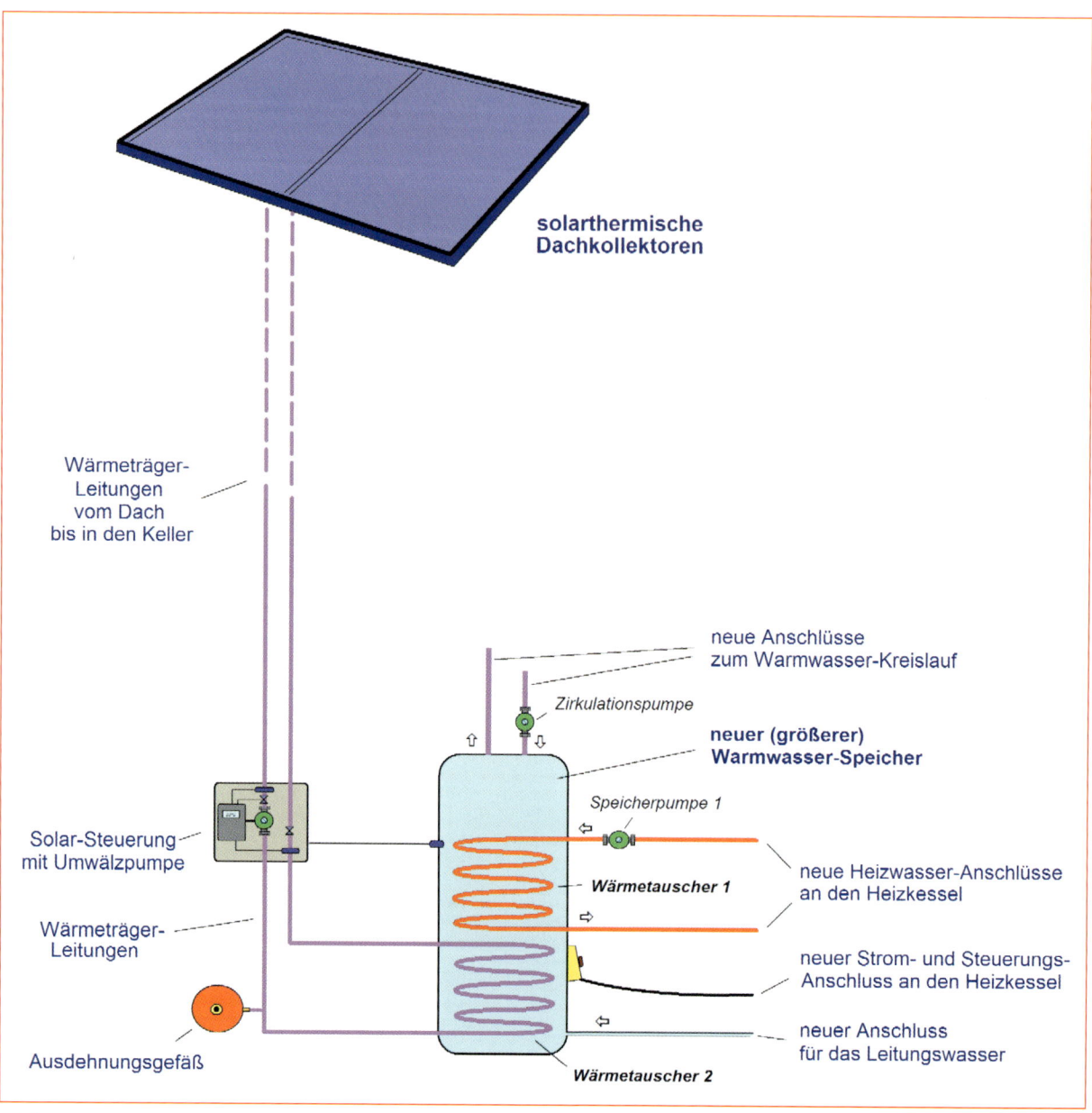

solarthermische
Dachkollektoren

Wärmeträger-
Leitungen
vom Dach
bis in den Keller

neue Anschlüsse
zum Warmwasser-Kreislauf

Zirkulationspumpe

neuer (größerer)
Warmwasser-Speicher

Speicherpumpe 1

Solar-Steuerung
mit Umwälzpumpe

Wärmetauscher 1

neue Heizwasser-Anschlüsse
an den Heizkessel

Wärmeträger-
Leitungen

neuer Strom- und Steuerungs-
Anschluss an den Heizkessel

neuer Anschluss
für das Leitungswasser

Ausdehnungsgefäß

Wärmetauscher 2

Abb. 8.1 – Die Errichtung einer solarthermischen Anlage ist vor allem beim zusätzlichen Einbau durch Baumaß-
nahmen und spezielles Zubehör mit einem überproportional hohen Kostenaufwand verbunden.

Wenn Sie genau wissen möchten, welchen Anteil Ihres Heizöl- oder Gasverbrauchs das Aufwärmen des Wassers in Ihrem Warmwasserspeicher ausmacht, können Sie sich einfach außerhalb der Heizperiode (von ca. Anfang Mai bis Ende September) notieren, wie viel Heizöl oder Gas Sie in den fünf Monaten verbraucht haben.

Beim Heizöl ist es mit einer solchen Kontrolle verhältnismäßig einfach, da dieser Brennstoff außerhalb der Heizperiode für keine anderen Zwecke verwendet wird. Beim Gas kann ein solches Anliegen etwas schwieriger sein, wenn dieser Brennstoff im Haushalt auch zum Kochen und Backen gebraucht wird. Hier kann nur eine vorübergehende Einteilung und Kontrolle ein ausreichend genaues Bild über den Verbrauch bringen. Da das Messen des Gasverbrauchs wesentlich präziser ist als das Messen des Ölverbrauchs, genügt es, wenn Sie nur an einigen nacheinander folgenden Tagen ermitteln, wie es sich mit dem Verbrauch verhält. Sie können an diesen Tagen z. B. den Heizkessel jeweils vor dem Kochen abschalten, nach dem Kochen wieder einschalten und am Gaszähler jeweils ablesen, was der Heizkessel „netto" z. B. in 10 Tagen verbraucht hat.

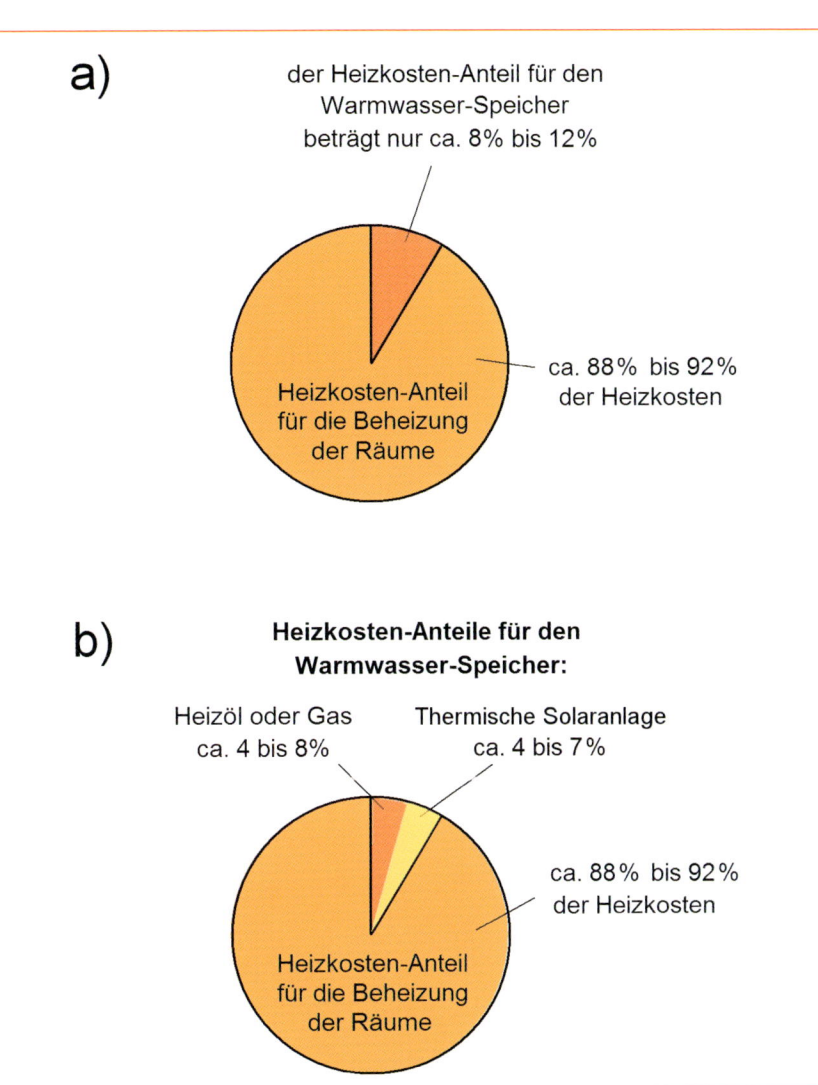

Abb. 8.2 – Wichtig bei Planungsüberlegungen: Der Anteil des Gas- oder Heizölverbrauchs für das Aufwärmen des Wassers im Warmwasser-Speicher ist viel geringer als im Allgemeinen angenommen wird und eine solarthermische Anlage bringt bei der Energieeinsparung ebenfalls viel weniger als man vermutet.

Sehr bequem lässt sich eine solche Ermittlung auch mithilfe eines Funk-Gaszählers **EM 1000-GZ** und eines **Energie-Funk-Mess-systems EM 1000** (*Abb. 8.3*) bewerkstelligen. Ein solches Gerät erleichtert die laufende Kontrolle der Heizkosten bzw. der tatsächlichen Einsparungs-Vergleiche, die auf diese Weise nicht im Keller am Gaszähler, sondern bequem z. B. am Schreibtisch vorgenommen werden können. So kann dann genauestens in Erfahrung gebracht werden, was z. B. täglich an Gasverbrauch für das Aufwärmen des Wassers im Warmwasserspeicher anfällt oder wie sich diverse Sparmaßnahmen auf die Senkung des Gasverbrauchs auswirken.

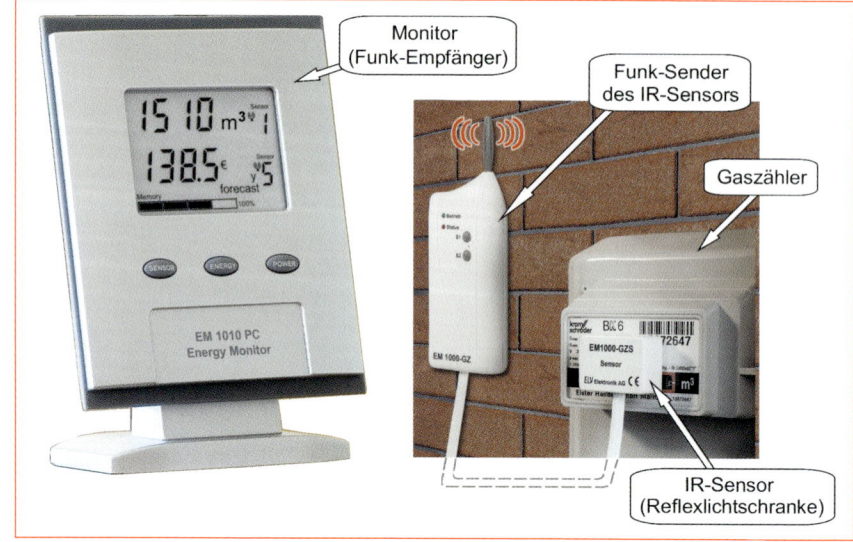

Abb. 8.3 – Das Gas-Funk-Ablesegerät der *Type EM 1000-GZ* in Verbindung mit einem Anzeigegerät wie dem EM 1010 (PC) ist für die Kontrolle der Erfolge bei Einsparungen der Heizkosten ebenso sinnvoll wie eine Personenwaage für die Kontrolle des Körpergewichts.

9 Möglichkeiten der Heizkosteneinsparung in Kurzübersicht

Eine kurze grafische Darstellung der erzielbaren Heizkosteneinsparungen in der *Tabelle 9.1* soll das Thema abschließen.

Die Von-Bis-Angaben beziehen sich verständlicherweise auf die individuellen Bedingungen, die sehr unterschiedlich sein können, und dienen vor allem dazu, Ihnen den Vergleich einzelner Einsparungsmöglichkeiten zu erleichtern. Nicht nur die Bausubstanz des Hauses oder der jeweilige technische Zustand der bestehenden Heizungsanlagen, sondern auch die Einstellung der Bewohner zu den Sparmaßnahmen spielen bei dem erzielbaren Umfang der Heizkosteneinsparung eine wichtige Rolle.

Selbstverständlich hängt der Umfang der tatsächlich erzielbaren Energie- bzw. Kosteneinsparung davon ab, welche Vorbedingungen für diese

Einsparung bei einem Haus bereits erfüllt sind. Der zur Verfügung stehende Spielraum für Einsparungen aller Art ist z. B. bei einem schlecht wärmeisolierten Altbau mit einer halb vergammelten Heizungsanlage viel größer, als bei einem gut wärmeisolierten Haus mit einer intakten Heizungsanlage.

In der Praxis stellt sich oft heraus, dass vielen erst beim Programmieren einer elektronischen Heizkörperregelung bewusst wird, wie wenig Aufmerksamkeit man bisher den „wild laufenden" Heizkörpern gewidmet hat und wie viel Wärme wirklich völlig überflüssig verbraucht wurde.

Wer zudem in einem Wohnhaus eine Miet- oder Eigentumswohnung großzügig beheizt, die von mehreren Seiten von Wohnungen anderer Bewohner umringt ist, der beheizt oft auch die Wohnungen der anderen Bewohner automatisch mit. So manche dieser Wohnungen können über diesen Umweg (durch die aufgewärmten Wände, Decken und Fußböden) von „Fremdwärme" gratis profitieren, wenn sie selber die Raumtemperaturen gezielt etwas niedriger halten. Das ist auch ein Aspekt, der unter Umständen einen sparsamen Umgang mit den Heizkosten befürworten dürfte.

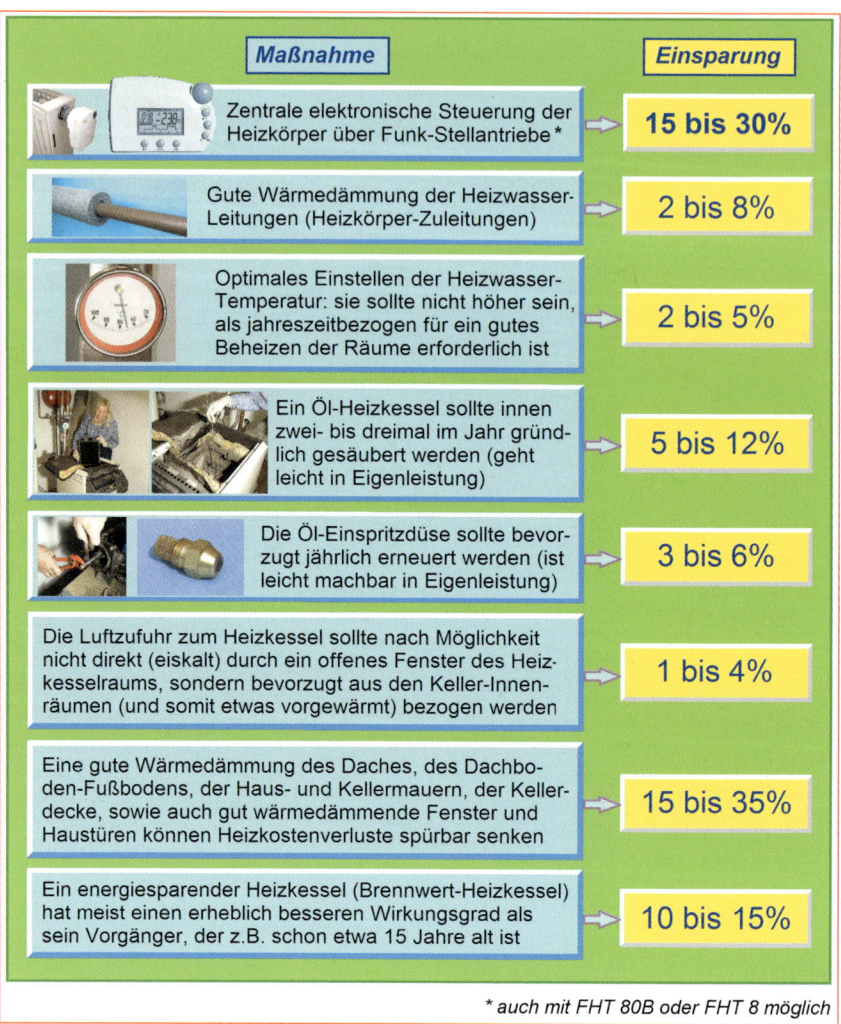

Maßnahme	Einsparung
Zentrale elektronische Steuerung der Heizkörper über Funk-Stellantriebe *	15 bis 30%
Gute Wärmedämmung der Heizwasser-Leitungen (Heizkörper-Zuleitungen)	2 bis 8%
Optimales Einstellen der Heizwasser-Temperatur: sie sollte nicht höher sein, als jahreszeitbezogen für ein gutes Beheizen der Räume erforderlich ist	2 bis 5%
Ein Öl-Heizkessel sollte innen zwei- bis dreimal im Jahr gründlich gesäubert werden (geht leicht in Eigenleistung)	5 bis 12%
Die Öl-Einspritzdüse sollte bevorzugt jährlich erneuert werden (ist leicht machbar in Eigenleistung)	3 bis 6%
Die Luftzufuhr zum Heizkessel sollte nach Möglichkeit nicht direkt (eiskalt) durch ein offenes Fenster des Heizkesselraums, sondern bevorzugt aus den Keller-Innenräumen (und somit etwas vorgewärmt) bezogen werden	1 bis 4%
Eine gute Wärmedämmung des Daches, des Dachboden-Fußbodens, der Haus- und Kellermauern, der Kellerdecke, sowie auch gut wärmedämmende Fenster und Haustüren können Heizkostenverluste spürbar senken	15 bis 35%
Ein energiesparender Heizkessel (Brennwert-Heizkessel) hat meist einen erheblich besseren Wirkungsgrad als sein Vorgänger, der z.B. schon etwa 15 Jahre alt ist	10 bis 15%

auch mit FHT 80B oder FHT 8 möglich

Tabelle 9.1 – Erzielbare Heizstoffeinsparung in Prozent: Die Höhe der konkreten Einsparung hängt verständlicherweise unter anderem davon ab, inwieweit bereits diverse Maßnahmen vorgenommen wurden.

10 Stromkosten sparen? Kein Problem!

Die Stromkosten bilden zwar in den meisten Haushalten nur den kleineren Teil der Kosten für den gesamten Energieverbrauch, aber sie lassen sich auf vielen Gebieten einfacher einsparen, als die Heizkosten. Ab und zu achten wir da-

10   Stromkosten sparen? Kein Problem!

rauf, dass nicht unnötig Energie verschwendet wird, aber oft verbrauchen wir überflüssig viel Strom, ohne uns dabei den Kopf zu zerbrechen, welche sinnvollen Sparmaßnahmen es da geben könnte ...

Dass alles im Leben seinen Preis hat, ist klar, aber kennen Sie sich mit den Kilowattstunden und den damit verbundenen Kosten aus?

In der Praxis interessiert uns vor allem der tatsächliche Leistungsverbrauch diverser Geräte, deren Leistung während ihres Betriebs variiert bzw. nicht als eine konstante Nennleistung auf dem Typenschild des Gerätes angegeben ist. So kann z. B. der tatsächliche Energieverbrauch eines Fernsehers, Kühlschranks, einer Tiefkühltruhe, einer Waschmaschine oder eines Wäschetrockners mithilfe eines kleinen Energie-Messgerätes („Energie-Monitors") ermittelt werden, der meist in der Form eines Zwischenstecker-Messgerätes nach *Abb. 10.2* erhältlich ist.

Abb. 10.1 – Dem technischen Fortschritt haben wir es zu verdanken, dass einerseits der Stromverbrauch vieler elektrischer Haushaltsgeräte sinkt, dass aber anderseits in viele Geräte unverdächtige Vorrichtungen und Schaltungen integriert sind, die mehr Strom verbrauchen als angenommen wird.

Kurzinfo in Sachen Strom, Spannung und Leistung:

 Der Stromzähler ist eigentlich kein Stromzähler, sondern ein Leistungszähler (technisch korrekt heißt er „Wirkleistungszähler"): Er zählt die bezogene elektrische Leistung in Kilowattstunden (kWh).

Die elektrische Leistung kann man sich (vereinfacht) ähnlich leicht ausrechnen, wie z. B. den Grundriss eines Zimmers, bei dem die Breite mit der Länge multipliziert wird:

Elektrische Leistung [in Watt] = Spannung [Volt] x Strom [Ampere]

Beispiel A: Eine 1.000-Watt-Kochplatte verbraucht in einer Stunde 1.000 Wattstunden (1 Kilowattstunde, abgekürzt 1 kWh), denn 1.000 Watt x 1 Stunde = 1.000 Wattstunden.

Beispiel B: Eine 100-Watt-Glühlampe verbraucht in einer Stunde 100 Wattstunden (0,1 kWh) und in 10 Stunden eine Kilowattstunde (kWh), denn 100 Watt x 10 Stunden = 1.000 Wattstunden = 1 kWh.

Beispiel C: Eine 8-Watt-Glühlampe verbraucht innerhalb von 150 Stunden 1.200 Wattstunden (1,2 kWh), denn 8 Watt x 150 Stunden = 1.200 Wattstunden (1,2 Kilowattstunde).

Beispiel D: Ein 2.000-Watt-Wasserkocher braucht etwa 3 Minuten, um 1 Liter Wasser zum Kochen zu bringen. 2.000 Watt x 0,05 Stunde = 100 Wattstunden (= 0,1 kWh). Obwohl so ein Wasserkocher einen verhältnismäßig hohen Stromverbrauch hat, kann zehnmal 1 Liter Wasser gekocht werden, bevor eine einzige Kilowattstunde verbraucht wird (wir verwenden hier allerdings „energiesparend" das Wasser aus dem Warmwasserhahn).

Bemerkung: eine Kilowattstunde (1 kWh) kostet gegenwärtig zwischen ca. 17 und 19 Cent. In der Jahresabrechnung Ihres Stromlieferanten steht die Telefonnummer, unter der Sie sich über Ihren momentanen Stromtarif informieren können.

Gut zu wissen: Genau genommen gilt die in den vorhergehenden Beispielen angewendete Formel nur für die Berechnung rein ohmscher Lasten (= von Glühbirnen und elektrischen Heizkörpern). Bei induktiven und kapazitiven Lasten (Elektromotoren, Transformatoren, Leuchtstoffleuchten usw.) spielt bei der Berechnung der tatsächlichen elektrischen Leistung – der sogenannten **Wirkleistung** – auch noch die Phasenbeziehung (Phasenverschiebung) von Strom und Spannung eine wichtige Rolle. Die Formel für die Wirkleistung lautet dann wie folgt:

Elektrische Wirkleistung [in Watt] = Spannung [Volt] x Strom [Ampere] x cos φ

Der *Leistungsfaktor* **cos φ** steht in der Formel für die Phasenverschiebung, ist immer etwas kleiner als **1** und liegt bei den meisten Verbrauchern zwischen ca. **0,7** und **0,9**. Der **cos φ** wird bei gängigen Gebrauchsgütern nicht angegeben, bleibt für den Anwender unbekannt und ist rechnerisch nicht ermittelbar. Die tatsächliche **Wirkleistung** (= die vom öffentlichem Netz bezogene und vom Stromzähler registrierte Leistung) kann in solchen Fällen nur mithilfe eines Messgerätes ermittelt werden.

10 Stromkosten sparen? Kein Problem!

Um elektrische Energie sinnvoll sparen zu können, sollten Sie eine genauere Vorstellung davon haben, bei welchen Stromverbrauchern die Einsparungen am einfachsten machbar sind und bei welchen Verbrauchern sich gezieltes Energiesparen bevorzugt lohnen dürfte. Wir sehen uns daher das Ganze genauer an.

Energie-Messgerät EM 600 oder EM 800

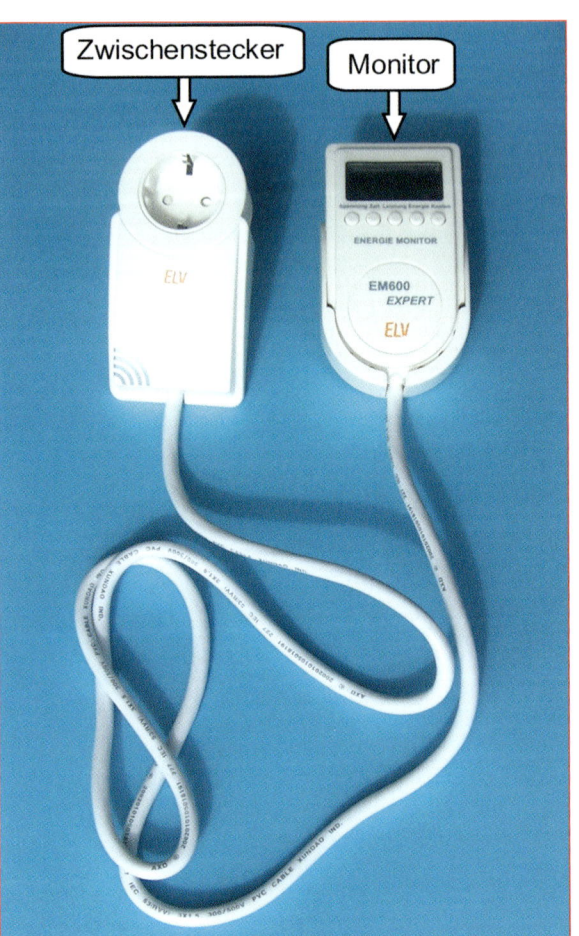

Zwischenstecker

Monitor

Abb. 10.2 – Die zwei Steckdosen-Energie-Messgeräte *EM 600* und *EM 800* zeigen neben der jeweiligen Abnahmeleistung (Wirkleistung) von 1 Watt bis 4 Kilowatt (kW) wahlweise auch z. B. den Energieverbrauch während einer Zeitspanne (z. B. während eines Monats) an. Ferner rechnen sie auch den Energieverbrauch und die entstandenen Energiekosten aus (anhand des vom Anwender eingegebenen Stromtarifs pro Kilowattstunde). Das Gerät *EM 800* zeigt zusätzlich zu der *Wirkleistung* auch noch die *Blindleistung*, *Scheinleistung* und die durchschnittliche *Wirkleistung* an (was jedoch nur für speziellere Messungen erforderlich ist).

Abb. 10.3 – Möchte man bei Haushaltsgeräten, die an schwer zugänglichen Steckdosen angeschlossen sind, bequem – und eventuell während einer längeren Zeitspanne – den Stromverbrauch unter Kontrolle halten, eignet sich dafür am besten das Messgerät *EM 600* Expert *II*, das aus zwei Teilen besteht: aus einem Stecker-Messgerät und einem separaten Bedien- und Anzeigegerät (Monitor), das mit dem Messgerät mit einem kurzen Kabel verbunden ist und in Augenhöhe aufgestellt bzw. in einer (mitgelieferten) Wand-Haltekonsole untergebracht werden kann. Funktionell ist dieses Gerät identisch mit dem Steckdosen-Energie-Messgerät *EM 600*.

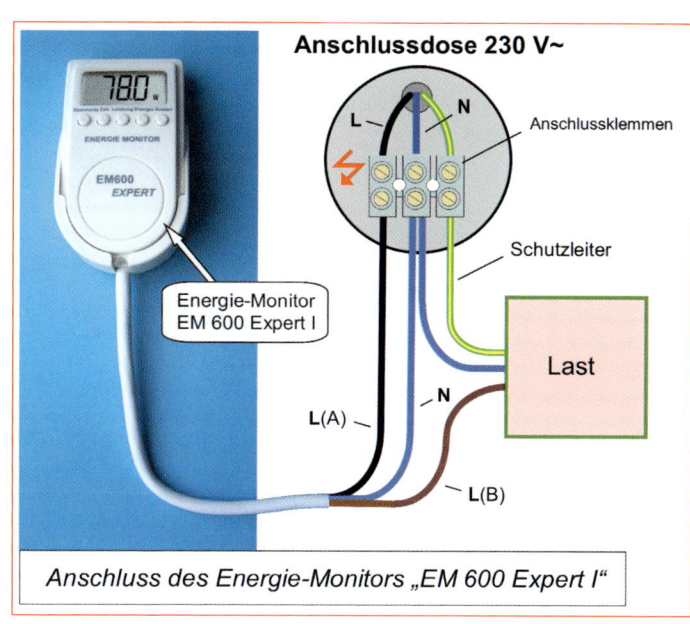

Abb. 10.4 – Der Energie-Monitor *EM 600* Expert *I* ist für einen festen Anschluss an die Zuleitung zu einem 230-Volt-Verbraucher (z. B. von einem Gas- oder Öl-Heizkessel) ausgelegt und kann eine Abnahme-leistung von 1 W bis zu 4 kW bzw. 16 A messen. Das Gerät ist für eine Wandmontage vorgesehen (die Wandkonsole wird mitgeliefert), zeigt wahlweise die Netzspannung, Abnahmeleistung (Wirkleistung), den Energieverbrauch und rechnet ebenfalls die Stromkosten aus. Der Hersteller weist darauf hin, dass dieses Gerät nur von einem Fachmann ange-schlossen werden sollte.

Anschluss des Energie-Monitors „EM 600 Expert I"

Abb. 10.5 – Die *Sensor-einheit EM 1000-WZ* ist Bestandteil des EM *1000 Gerätesystems* zur drahtlosen Erfassung von Energiever-brauch, Energiekosten und der Leistungsaufnahme von elektrischen Verbrauchern via Funk. Ein Infrarot-Abtast-sensor, der als eine Reflex-lichtschranke konzipiert ist, erfasst kontaktlos die Umdrehungen der Strom-zähler-Drehscheibe und sen-det über seinen Funksender die erfassten Daten an das *Anzeigegerät EM 1010* oder *EM 1010 PC*.

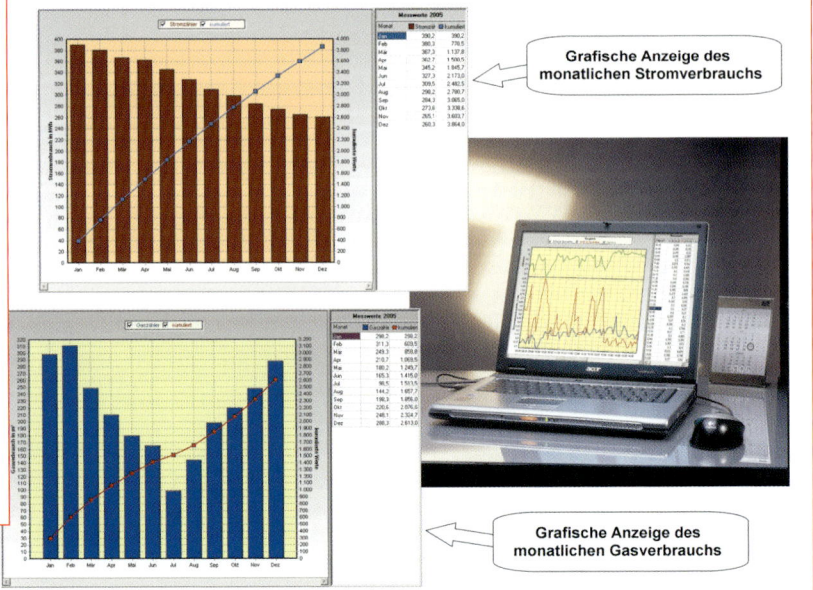

Grafische Anzeige des monatlichen Stromverbrauchs

Grafische Anzeige des monatlichen Gasverbrauchs

Der Funkempfänger EM 1010 PC verfügt über einen internen Speicher, eine USB-Schnittstelle und eine Software zum Auswerten der erfassten Daten auf einem PC.

Abb. 10.6 – Das Anzeigegerät *EM 1010 PC* unterscheidet sich von dem Gerät *EM 1010* dadurch, dass es über einen internen Speicher, eine USB-Schnittstelle und Software zum Auswerten der erfassten Daten verfügt. Beide Geräte können sowohl die Daten des Stromzähler-Funksenders als auch die Daten des Gaszähler-Funksenders empfangen und anzeigen.

Abb. 10.7 – Die Software, die mit dem EM *1010 PC* mitgeliefert wird, ermöglicht unter anderem eine langfristige und detaillierte Auswertung von Energie-Messdaten. Ob es der generelle Stromverbrauch, der Stromverbrauch einzelner Geräte oder der Gasverbrauch ist, es werden am Bildschirm übersichtliche Auflistungen des Verbrauchs und der erzielten Sparerfolge angezeigt.

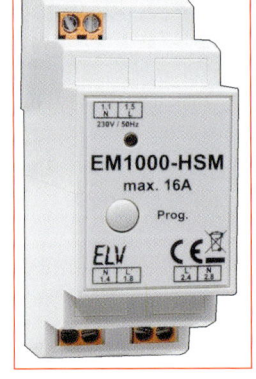

Abb. 10.8 – Der Wirkleistungsmesser EM 1000-EM ist als ein Zwischenstecker ausgelegt, der – ähnlich wie ein Stromzähler – die bezogene Leistung (den „Stromverbrauch") registriert und an einen Funk-Monitor der Type EM 1010 via Funk sendet. Der Funk-Monitor zeigt die Leistungsabnahme an seinem Display direkt an. Der *EM 1010* bzw. der *EM 1010 PC* kann bis zu vier dieser Wirkleistungsmesser empfangen. Auf diese Weise kann an bis zu vier Orten bzw. an vier Anschlüssen die Leistungsabnahme zugleich kontrolliert werden.

Abb. 10.9 – Alternativ zu dem Wirkleistungsmesser aus *Abb. 10.8* kann der Funk-Hutschienen-Wirkleistungsmesser *EM 1000-HSM* direkt in einen Laststromkreis (z. B. in einen bestehenden Kunststoff-Verteilerschrank) geschaltet werden. Er sendet dann – ähnlich wie der vorhergehende Wirkleistungsmesser – seine Daten an einen Funk-Monitor *(EM 1010* oder *EM 1010 PC)*. Die tatsächliche Zuverlässigkeit einer Funkverbindung sollte vor allem dann an Ort und Stelle geprüft werden, wenn sich zwischen dem Standort des Funk-Leistungsmessers und des Funk-Empfängers (Monitors) Stahlbeton-Fußböden/-Decken oder andere elektromagnetisch schirmende Hindernisse befinden.

11 Elektrische Beleuchtung

Bei elektrischer Beleuchtung können durch die Wahl der richtigen Leuchtkörper und sinnvolle Anwendung sehr hohe Energieeinsparungen leicht erzielt werden.

Gut zu wissen:

Herkömmliche Glühbirnen

haben einen sehr niedrigen Wirkungsgrad, denn sie wandeln ca. 94 bis 96 % der bezogenen elektrischen Energie in Wärme und nur ca. 4 bis 6% in Licht um. Die Wärme ist zu gering (und zu teuer erkauft), um davon z. B. während der kalten Jahreszeit profitieren zu können. In der wärmeren Jahreszeit ist sie sogar überflüssig bzw. unerwünscht.

Halogenlampen

haben im Vergleich zu herkömmlichen Glühbirnen (nur) einen um ca. 1/3 niedrigeren Stromverbrauch und werden mit Vorliebe als Spots mit schmalem Lichtkegel verwendet. Sie sind vor allem als 12-Volt-Leuchten wegen ihrer niedrigen Versorgungsspannung beliebt, die einen größeren Gestaltungs-Spielraum bietet. Es gibt inzwischen auch 230-Volt-Halogenlampen, die jedoch auch nur um ca. 1/3 weniger Strom verbrauchen als herkömmliche Glühbirnen. Somit fallen sie nicht in die Gruppe der energiesparenden Lampen.

Energiesparlampen

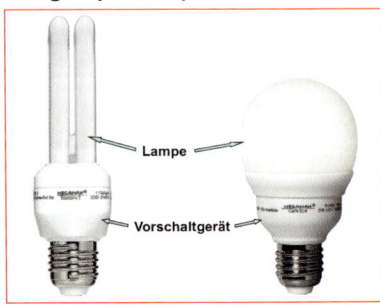

gibt es in verschiedenen Ausführungen – auch in Formen, die den normalen Glühlampen ähnlich sind. Gute Energiesparlampen benötigen für dieselbe Lichtausbeute nur etwa ein Fünftel der Energie, die eine normale Glühlampe bezieht. Leider gibt es bei den Energiesparlampen noch zu große Qualitätsunterschiede (die auch der TÜV feststellen konnte). Viele dieser Lampen weisen nicht die Leuchtkraft auf, die an der Verpackung angegeben ist. Auch ihr Stromverbrauch ist manchmal höher, als auf der Lampe und auf ihrer Verpackung aufgedruckt.

So manche dieser Energiesparlampen, die laut Aufdruck ähnlich stark leuchten soll, wie eine 60-Watt-Glühbirne, leuchtet z. B. nur wie eine 40-Watt-Glühbirne. Sie verbraucht dann zwar mitunter nicht die angegebenen 12 Watt, sondern, bei etwas Glück, nur etwa

Gut zu wissen

Im Vergleich zu den herkömmlichen Glühbirnen sind Energiesparlampen relativ teuer aber auch unvergleichbar komplizierter, da in jeder dieser Lampen ein relativ aufwendiges Vorschaltgerät integriert ist.

10 bis 11 Watt, manchmal aber wieder 13,5 Watt usw.

Achten Sie beim Kauf einer Energiesparlampe auch auf die „Lumen": Die Leuchtkraft wird bei Energiesparlampen als **Lichtstrom** in **Lumen** (**lm**) definiert. Es steht oft auf der Verpackung und kann je nach Typ Unterschiede von mehr als 10 % aufweisen. So kann z. B. eine „gute" 11-Watt-Energiesparlempe einen Lichtstrom von 500 Lumen, eine andere – ebenfalls „gute" – Energiesparlampe (anderer Type) kann stolze 570 Lumen aufbringen.

Ohne vorher getestet zu werden, sollte gegenwärtig keine Energiesparlampe vertrauensvoll und bedenkenlos in die Leuchte eingeschraubt werden. Ein vorhergehender Vergleich der Lichtstärke (z. B. in einer Stehlampe) und evtl. auch der Lichtfarbe ist daher angesagt – und eine eventuelle Rückgabe bei dem Händler ebenfalls.

Einige Energiesparlampen leuchten zudem nach dem Einschalten nur sehr schwach und brauchen länge-re Zeit (manchmal einige Minuten), bevor sie ihre optimale Lichtstärke erreichen. Solche Lampen eignen sich daher bestenfalls nur für eine Außenbeleuchtung, die z. B. als Einbruchschutz automatisch von einem Dämmerungsschalter, aber nicht von einem Annäherungsschalter (Bewegungssensor) geschaltet wird.

Unser Tipp

Bei der gegenwärtigen fraglichen Qualität mancher Energiesparlampen dürfte es sich lohnen, wenn Sie jede solche neu gekaufte Lampe erst z. B. in einer Stehlampe austesten, die über ein *Energiemessgerät* an die Steckdose angeschlossen ist.

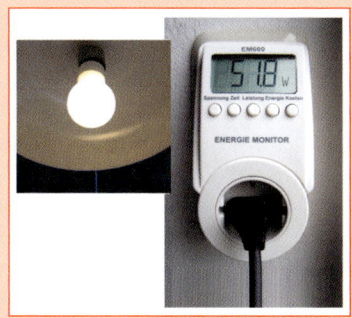

Die Leuchtkraft lässt sich dabei ausreichend genau auch nur rein optisch vergleichen, aber die tatsächliche Leistungsabnahme – die bei manchen Energiesparlampen von dem angegebenen Wert zu sehr abweicht – sollte bei diesen teuren Produkten auch überprüft werden.

Leuchtstofflampen

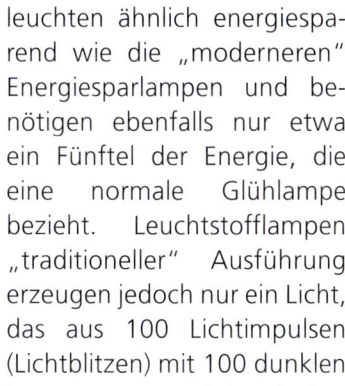

leuchten ähnlich energiesparend wie die „moderneren" Energiesparlampen und benötigen ebenfalls nur etwa ein Fünftel der Energie, die eine normale Glühlampe bezieht. Leuchtstofflampen „traditioneller" Ausführung erzeugen jedoch nur ein Licht, das aus 100 Lichtimpulsen (Lichtblitzen) mit 100 dunklen Zwischenräumen pro Sekunde besteht.

Dank des Phänomens der Flimmerverschmelzungs-Frequenz unserer Augen nehmen wir dieses Licht als ein relativ konstantes Licht war. Schnelle Bewegungen erscheinen dabei jedoch zittrig und eine gewisse Gefahr stellt hier in speziellen Fällen der stroboskopische Effekt dar: Alle drehenden Körper (worunter z. B. das Sägeblatt einer Kreissäge oder eine rotierende Spindel zählen), deren Drehzahl zufällig mit der 100-Hertz-Frequenz in einem festen Teilverhältnis übereinkommt, sehen wie unbeweglich bzw. wie nur langsam drehend aus.

Dieser Nachteil lässt sich z. B. dadurch verhindern, dass eine Leuchtstofflampe mit zwei Leuchtstoffröhren verwendet wird, in der durch eine interne Phasenverschiebung die dunklen Lichtpausen der einen Röhre durch helle Impulse der anderen Röhre überbrückt (gefüllt) werden.

Hinweis

Das „Herumblinken" der Leuchtstofflampe nach dem Einschalten kann einfach dadurch verhindert werden, dass der ursprüngliche thermisch arbeitende Starter durch einen baugleichen elektronischen Starter ersetzt wird.

Leuchtdioden

(LED – von engl. *light* emitting diode*)*, die bis vor kurzem vor allem als Signallämpchen angewendet wurden, setzen sich immer mehr als eine moderne Alternative zu den etablierten Lampen durch. Sie sind wahlweise als einzelne (kahle) Bausteine oder als fertige Spots und andere Arten von Leuchten erhältlich. LEDs sind ähnlich energiesparend, wie andere Energiesparlampen, können (je nach Typ) entweder Tageslicht oder farbiges Licht erzeugen und geben sich mit sehr niedrigen Versorgungsspannungen (ab ca. 1,6 Volt) zufrieden. Kleinere Leuchtdioden erzeugen zudem nur

sehr wenig Wärme – was jedoch für Leuchtdioden mit höheren Leistungen (Highpower-LEDs) nicht gilt.

Party- und Weihnachtsbeleuchtung

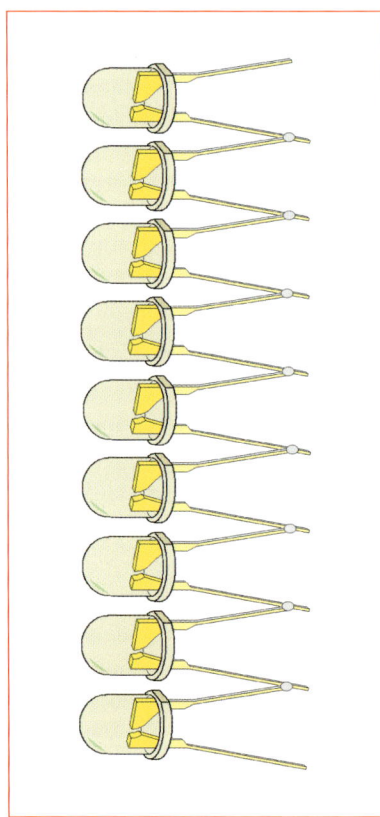

Bei der Planung einer aufwendigeren Party- oder Weihnachtsbeleuchtung z. B. dürften bevorzugt energiesparende Leuchten (worunter z. B. LED-Lichterketten) in Erwägung gezogen werden (LEDs sind als Grundbausteine sehr preiswert).

Unsere Empfehlung zum sinnvollen Energiesparen:

- Ersetzen Sie nach Möglichkeit alle normalen Glühlampen – oder zumindest die am meisten gebrauchten Glühlampen – durch gute Energiesparlampen mit einer Leistungsabnahme von einem Fünftel der Glühlampen-Leistung: eine gute 10-Watt-Energiesparlampe leuchtet genau so intensiv, wie eine 50-Watt-Glühlampe, eine 12-Watt-Energiesparlampe leuchtet genau so stark, wie eine 60-Watt-Glühlampe (12 Watt x 5 = 60 Watt) usw.

- Achten Sie gezielt darauf, dass Licht jeweils nur dort eingeschaltet, wird, wo man es benötigt und dass es vor allem in seltener genutzten Räumlichkeiten (Kellerräume, Treppen-

Bei Weihnachtsbaum-Lichterketten wird in der Regel nur die Anzahl der elektrischen Kerzen und die Versorgungsspannung (als z. B. 15 x 230 Volt), aber keine Leistung (in Watt) angegeben.

Als wir im Zusammenhang mit den Messungen zu diesem Buch den Leistungsverbrauch der im Prinzip gleichen Lichterketten an dem hier abgebildeten Weihnachtsbaum gemessen haben, waren wir überrascht, dass unser Messgerät fast 100 Watt angezeigt hat. Wir haben danach den Verbrauch jeder der drei Lichterketten einzeln gemessen: Zwei der Ketten hatten einen Stromverbrauch von je ca. 43 Watt und die dritte Kette (anderer Type) nur ca. 11,5 Watt. Dabei leuchteten alle drei Ketten auf den ersten Blick gleich stark und alle hatten 15 Kerzen. Wir werden also im nächsten Jahr die Weihnachtsbaumbeleuchtung nicht mehr so harmlos vom frühen Morgen bis spät in die Nacht eingeschaltet lassen, denn ein Energieverbrauch von ca. einer Kilowattstunde pro zehn Betriebsstunden ist „zu viel des Guten". Und beim Kauf der nächsten Lichterkette sollten wir eigentlich darauf bestehen, dass uns der Händler über ihren Stromverbrauch informiert.

Abb. 11.1 – Es gibt auch dekorative Leuchtkörper mit Leuchtstofflampen, die z. B. für die Küchen- oder Arbeitsraum-Beleuchtung geeignet sind und bei Bedarf mit normalen Glühlampen, Halogen- oder LED-Spots kombiniert werden können.

haus, Arbeitsräume) nicht länger eingeschaltet bleibt, als notwendig.

Anstelle „echter" Energiesparlampen können Sie auch diverse dekorative Leuchtstofflampen nach *Abb. 11.1* verwenden und diese evtl. mit Halogen- oder LED-Spots kombinieren.

Zu beachten

Dämmerungs-
schalter

Leuchten, die mit einem Dämmerungsschalter oder Bewegungssensor ausgelegt sind, beziehen, auch wenn sie nicht leuchten, Stand-by-Strom, der zwar meist nur gering ist, aber in Kombination mit weiteren vergleichbaren Geräten dennoch den jährlichen Stromverbrauch erhöht. Wenn mehrere Außenleuchten von einem Dämmerungsschalter automatisch geschaltet werden sollen, ist es von Vorteil, wenn sie alle an nur einen gemeinsamen Dämmerungsschalter angeschlossen werden – insofern es die Anordnung der Zuleitungen zu den Leuchten erlaubt.

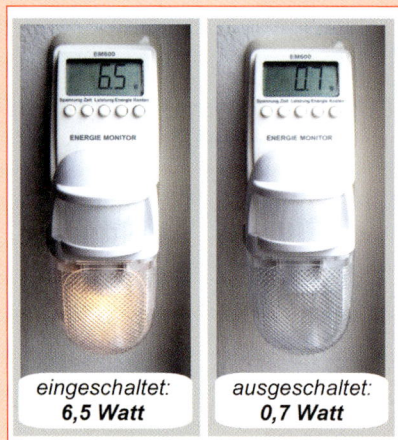

eingeschaltet:
6,5 Watt

ausgeschaltet:
0,7 Watt

Auch diverse kleine Nachtlicht-Leuchten, die mit einem eigenen Bewegungsmelder und Dämmerungsschalter versehen sind (Abbildung links) beziehen tagsüber ununterbrochen einen geringen Stand-by-Strom, solange sie nicht ganz ausgeschaltet werden. Falls sie überhaupt dafür vorgesehen sind und der „AUS"-Schalter die Leuchte auch tatsächlich ganz vom Netz trennt. Die hier abgebildete Nachtleuchte bezieht – auch wenn sie abgeschaltet ist – einen Stand-by-Strom von 0,7 Watt.

Schon gewusst? Lichtdimmer sind zwar eine angenehme Vorrichtung, aber der Stromverbrauch sinkt nicht linear mit der abnehmenden Lichtintensität.

Eine stark gedimmte Glühlampe kann z. B. immer noch mehr als die Hälfte der elektrischen Leistung beziehen, auch wenn sie gerade nur noch die Lichtintensität eines „Stolperlichts" hat. Wenn Sie z. B. beim Fernsehen nur eine schwache Raumbeleuchtung benötigen, wirkt sich eine kleine Stehlampe oder eine in Schaltsektionen eingeteilte Deckenbeleuchtung wesentlich energiesparender als das Lichtdimmen aus.

12 Die hungrigen Stromfresser

12 Die hungrigen Stromfresser

Die Liste der wichtigsten Stromfresser:

- Geschirrspüler
- Wäschetrockner
- Waschmaschinen
- Kühlschränke und Kühl-/Gefrierkombinationen
- Tiefkühlschränke und Tiefkühltruhen
- Staubsauger
- Bügeleisen
- Heißmangel
- Elektroherde und Backöfen
- Heizgeräte
- Klimaanlagen

Gut zu wissen:

Geschirrspüler

 haben einen Energieverbrauch von ca. 1 kWh bis 1,25 kWh pro Waschvorgang (Standardgröße), wodurch das Geschirrspülen recht kostspielig werden kann. Es gibt zwar auch Geschirrspüler, die als energiesparend bezeichnet werden, aber im Hinblick darauf, dass ein großer Teil des Stromverbrauchs auf das Aufwärmen des kalten Leitungswassers entfällt, wirken die meisten „Speziallösungen" auf die energieeinsparung nur wie ein Tropfen auf den heißen Stein. Das elektrische Heizelement, das in solchen Geräten von allen Seiten mit Wasser umspült wird, arbeitet ohnehin auch bei den einfachsten Geschirrspülern weitgehend verlustfrei. Eine sinnvolle Energieeinsparung kann z. B. damit erzielt werden, dass man die Zeit, die in das Ein- und Ausräumen des Geschirrs in den Geschirrspülen investiert wird, lieber gleich zum manuellen Geschirrspülen verwendet. Es nimmt erprobt dieselbe Zeit in Anspruch.

Wäschetrockner

 dürften in Hinsicht auf ihren Energieverbrauch von ca. 2,3 bis 3,7 kWh pro Trockenvorgang (bei 5 kg Füllmenge) an die Spitze der Stromfresser gestellt werden. Sie wandeln allerdings weitgehend verlustfrei den elektrischen Strom in warme Luft um und so lassen sich effiziente Energieeinsparungen nur durch sparsam dosierte Temperaturen bei den jeweiligen Trockenvorgängen erzielen. Zu den sinnvollsten Energiesparmaßnahmen gehört hier die optimale Füllung des Trockners, denn eine kleinere Füllmenge verringert die Energiekosten meist nur geringfügig.

Waschmaschinen

 verbrauchen pro Waschvorgang (bei 5 kg Füllmenge) nur etwa 0,8 bis 0,95 kWh an elektrischer Energie. Von der jeweils gewählten Waschwasser-Temperatur hängt der Strombedarf (der hier vor allem für das Aufwärmen des kalten Leitungswassers erforderlich ist) ab. Auch hier ist es von Vorteil, wenn die Waschmaschine jeweils gut gefüllt ist.

Kühlschränke und Kühl-/Gefrierkombinationen

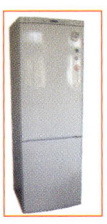 arbeiten zwar nur zyklisch, aber dafür das ganze Jahr vollautomatisch Tag und Nacht. Der Energiebedarf kann hier bei energiesparenden Geräten vor allem durch eine optimale Wärmedämmung bis um etwa 1/3 verringert werden. So verbraucht z. B. ein Standard-Kühlschrank mit 100 Liter Nutzinhalt etwa 280 kWh pro Jahr und ein vergleichbar großer, energiesparender Kühlschrank nur bescheidene 190 kWh pro Jahr. Der Energieverbrauch einer energiesparenden Kühl-/Gefrierkombination mit einem Kühlteil-Nutzinhalt von 173 Liter und Gefrierteil-Nutzinhalt von 75 Liter liegt bei ca. 280 kWh im Jahr.

Energieeinsparung kann durch drei Maßnahmen erzielt werden:

- Die umgebende Luft soll zu Kühlrippen an der Rückwand

des Kühlschranks einen leichten Zugang haben, um diese abkühlen zu können. Je kühler der Raum ist, in dem der Kühlschrank steht, desto niedriger ist der Energieverbrauch.

- In den Kühlschrank gehören grundsätzlich keine warmen Speisen.
- Jedes überflüssige bzw. unnötig lange Öffnen des Kühlschranks erhöht den Stromverbrauch.

Tiefkühlschränke und Tiefkühltruhen

müssen zwar die Innentemperatur viel tiefer halten als die Kühlschränke, verbrauchen dennoch im Vergleich meist etwas weniger Energie. Das kommt dadurch, dass sie seltener geöffnet werden als Kühlschränke und zudem meist in wesentlich kühleren Räumen (oft Kellern) stehen.

Staubsauger

Viele Staubsauger sind für eine Abnahmeleistung von bis zu etwa 2.000 Watt (2 kW) konzipiert und so kann man recht viel Geld pro Jahr in die Luft blasen.

Bügeleisen

gehören zu den Stromverbrauchern, die den bezogenen elektrischen Strom mit geringen Verlusten in Wärme umwandeln. Ein großer Teil der Wärme gibt jedes Bügeleisen an die ihn umgebende Luft ab, was sich nicht verhindern lässt. So gesehen gibt es keine energiesparenden Bügeleisen, sondern nur einen energiesparenden Umgang mit ihnen. Viele der moderneren Bügeleisen haben einen Energieverbrauch von 2.000 Watt (oder auch mehr) pro Stunde.

Heißmangeln

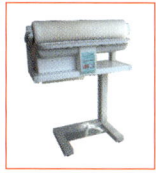

arbeiten im Prinzip energiesparender als Bügeleisen. Ihre Leistungsabnahme liegt – ähnlich wie bei vielen modernen Bügeleisen – „nur" zwischen ca. 1.800 und 2.100 Watt für die eigentliche Heizleistung. Der Antriebsmotor der Walze bezieht zwar zusätzlich noch etwa 100 bis 150 Watt, aber wird jeweils nur kurzfristig beansprucht. Aus dieser Sicht ist das Mangeln wesentlich energiesparender als das Bügeln mit einem Bügeleisen.

Herde und Backöfen

sind elektrische Verbraucher, die bei einem vollen Betrieb mit laufenden Kochfeldern und laufendem Backofen je nach Typ etwa 8,5 bis 10,5 kWh beziehen. Dies wird als „Anschlusswert" bezeichnet. Für das übliche Kochen wird jedoch jeweils nur ein relativ kleiner Teil dieser Energie verbraucht, der davon abhängt, wie viele Kochfelder eingeschaltet sind und welche Leistungsstufe dabei gewählt wird. Die einzelnen Kochfelder beziehen meist eine Leistung von bis zu etwa 2 kWh (bei höchster Stufe). Dasselbe gilt annähernd für das Backen. Ein erhöhter Stromverbrauch fällt bei Öfen mit pyrolytischer Reinigung während dieses Vorganges an – was jedoch in der Praxis nur sehr selten angewendet wird.

Als energiesparend können sich diverse kleine zusätzliche Mini-Backöfen, Mini-Grills, Mikrowellen usw. erweisen. Zudem sollten auf elektrischen Kochplatten (Kochfeldern) bevorzugt jeweils Töpfe und Pfannen verwendet werden, deren Boden eben ist und deren Durchmesser der Kochplattengröße entspricht.

Heizgeräte

stellen zwar theoretisch eine sympathische Alternative zum Heizen mit anderen Brennstoffen dar, sind aber in der Praxis nur als Gelegenheitslösungen (Gästezimmer) oder vorübergehende Notlösungen zu empfehlen. Der Stromverbrauch ist hier entschieden zu hoch. Gehen wir z. B. davon aus, dass 1 Liter Heizöl eine Heizleistung von ca. 10 kWh hat und bei Großabnahme nur etwa 52 Cent kostet, betragen die Stromkosten von 10 kWh bei einem Preis von 17 Cent pro kWh stolze 1,70 €. Das ist mehr als das Dreifache des Heizölpreises (Stand Ende Februar 2007). Daran ändert auch ein evtl. Nachtstromtarif nicht viel.

Beim Heizen mit Heizöl wie auch beim Heizen mit Gas muss zwar mit Wärmeverlusten gerechnet werden, die sowohl im Zentralheizungs-Kessel als auch in den Zuleitungen zu den einzelnen Heizkörpern (Radiatoren) entstehen, aber das wiegt den Preisunterschied nicht auf.

Klimaanlagen

können an heißen Tagen das Wohlbefinden erhalten oder schlaflose Nächte in einem überhitzten Schlafzimmer vermeiden. Glücklicherweise kann man sich in unseren Breiten vorerst mit einem kleineren (evtl. mobilen) Klimagerät zufrieden geben, das etwa 2 bis 2,5 kW vom elektrischen Netz bezieht. Es empfiehlt sich, es erst am Nachmittag einzuschalten, um bis in die Abendstunden die Raumluft zu kühlen.

Ein solches Kühlen ist nur einige wenige Tage pro Jahr erforderlich. Während der heißen Tage sollte dabei der Raum möglichst „energiesparend konstant kühl" gehalten werden. Angefangen wird damit, dass am frühen Morgen die Fenster geöffnet werden, um die kühle Luft von außen hereinzulassen. Sobald die Außentemperatur die vorgesehene Raumtemperatur erreicht, werden die Fenster geschlossen. Wenn sich anschließend die Raumtemperatur erwärmt, muss mög-

Abb. 12.1 – Wird für ein elektrisches Heiz- oder Kühlgerät eine einfache zusätzliche Temperaturregelung benötigt, kann das Universal-Thermostat diese Aufgabe übernehmen. Der mit 2-m-Anschlussleitung ausgelegte Temperatursensor kann z. B. an der geeigneten Stelle eines Kühlschrankes untergebracht werden, dessen Thermostat defekt ist.

lichst bald die Klimaanlage eingeschaltet werden, um zu verhindern, dass die Raumwände und das Inventar die Wärme speichern. Sie würden danach das Abkühlen verzögern.

13 Die kleineren Stromfresser

13 Die kleineren Stromfresser

Die kleineren Stromfresser werden von einer Auswahl verschiedener kleiner Haushaltsgeräte repräsentiert:

- Küchenmaschinen
- Küchengeräte
- Kleine Koch-, Back- und Wärmegeräte
- Heizkissen und -decken
- Geräte der Unterhaltungselektronik inkl. Musikinstrumente
- PCs, Drucker & Co
- Fax- und Telefongeräte
- Satellitenreceiver
- Antriebssysteme
- Stromverbraucher der Zentralheizungsanlage

Gut zu wissen:

Küchenmaschinen

 werden meist nur über kurze Zeiträume betrieben. Als kostensparend dürfte die Anwendung netzbetriebener Maschinen Vorrang vor batteriebetriebenen Maschinen haben. Eine Batterie ist in Hinsicht auf ihren „energetischen Inhalt" im Vergleich mit dem Netzstrom viel zu teuer und hat zudem den bekannten Nachteil, gerade dann leer zu sein, wenn das Gerät gebraucht wird. Sinnvolle Energieeinsparungen lassen sich hier nicht erzielen und/oder wären unpraktisch.

Küchengeräte

 werden – ähnlich wie die vorhergehenden Küchenmaschinen – ebenfalls nur bei Bedarf betrieben und bieten kaum einen Spielraum für sinnvolle Energieeinsparungen.

Kleine Koch- Back- und Wärmegeräte

 Der Stromverbrauch kann hier unter Umständen durch richtig dosierte Anwendung oder durch gezielt energiesparende Anschaffung verringert werden. Zu den bekannten Beispielen einer sinnvollen Energieeinsparung gehört z. B., dass der Durchmesser des Topfes dem der Kochplatte entsprechen sollte. Ein kleiner Zweit-Grill/Backofen arbeitet energiesparender als der große Backofen des Küchenherds und reicht in vielen Fällen für das beabsichtigte Vorhaben aus.

Ein elektrischer Wasserkocher, dessen Heizspirale im Wasserbehälter sichtbar ist, arbeitet energiesparender (annähernd verlustfrei), als einer, dessen Heizspirale unsichtbar unter dem Wasserbehälter-Boden eingebaut ist (hier geht ein großer Teil der Wärme seitlich verloren). Andererseits ist dieser Wasserkocher pflegeleichter, da seine oft schnell verkalkte Heizspirale nicht aufwendig gereinigt werden muss. Als energiesparend kann sich beim Kochen generell auswirken, warmes Wasser aus der Wasserleitung zu entnehmen und anschließend zusätzlich elektrisch zu erhitzen. Das Aufwärmen im Warmwasserspeicher der Gas- oder Öl-Zentralheizung kostet weniger als die Hälfte der ansonsten benötigten elektrischen Aufheiz-Energie.

Elektrische Heizkissen und Heizdecken

können kräftig zur Senkung der  Heizkosten beitragen. Der Stromverbrauch, der z. B. bei einem Heizkissen zwischen ca. 30 und 40 Watt, bei einer elektrischen Heizdecke bei ca. 60 bis 80 Watt liegt, ist relativ gering und erfolgt zudem auch nur zyklisch: Ein Thermostat regelt im Kissen die vorgewählte Temperatur durch Ein- und Abschalten der Stromzufuhr. Ein Heizkissen oder eine Heizdecke dienen sowohl im Wohnzimmer (z. B. im Polstersessel) als auch im Bett dem Wohlbefinden und man kann die Raumtemperatur etwas unterhalb des gewohnten Pegels halten.

**Geräte der
Unterhaltungselektronik**

Die Leistung, die solche Geräte bei Vollbetrieb beziehen, geben die Hersteller entweder auf einem Typenschild an der Geräte-Rückseite oder bei den technischen Daten an, die in der Bedienungsanleitung aufgeführt sind (oder sein sollten). Auch der Stand-by-Energieverbrauch wird bei soliden Geräten in der Bedienungsanleitung angegeben (mehr dazu im nächsten Kapitel).

Erhöhte Aufmerksamkeit verdient der Energieverbrauch größerer LCD- und Plasma-Fernseher. Hier wird beim Kauf gern außer Acht gelassen, dass vor allem bei Geräten mit einer größeren Bildschirmdiagonale (von etwa 94 bis 107 cm) der Energieverbrauch bis zu viermal höher sein kann als der eines neueren 70-Watt-Röhrenfernsehers, der z. B. nur eine Bildschirmdiagonale von ca. 65 cm hat. Dabei wäre auch darauf hinzuweisen, dass Plasma-Fernseher oft einen um ca. 33 bis 50% höheren Energieverbrauch

haben, als LCD-Fernseher. Da sich zu diesem Thema die meisten Fachverkäufer nur ungern oder ausweichend äußern, muss der Kunde diese „Geheimnisse" selber in den Datenblättern auskundschaften.

Grundsätzlich gilt, dass die vom elektrischen Netz bezogene Leistung aller **Audiogeräte** mit Endverstärkern von der Wiedergabe-Lautstärke abhängt.

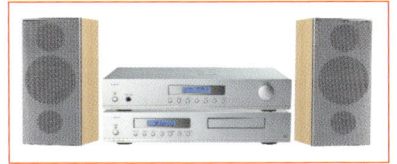

Wenn der Teenager in seinem Kinderzimmer seine Audioanlage auf eine Lautstärke von z. B. 100 Watt aufdreht, bei der das Haus (durch Resonanzen) und die Eltern (vor unterdrückter Wut) zittern, wird so ein Audiogerät die 100 Watt auch als elektrische Leistung aus dem Stromnetz beziehen. Diese 100 Watt addieren sich dann zum Grund-Strombedarf des Audiogerätes (der jedoch als solcher nur einige Watt betragen kann). Wird dagegen dem Verstärker nur eine Lautstärke von z. B. 3 Watt abverlangt, sinkt seine Stromabnahme insgesamt z. B. nur auf etwa 5 Watt.

Audio- und Videogeräte mit aktiven Lautsprecherboxen, einer

Infrarot- oder Funkübertragung erhöhen zwar theoretisch den Strom-

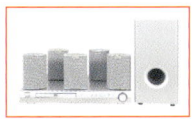

bedarf, aber bei guten Geräten handelt es sich dabei nur um eine sehr geringe Erhöhung der bezogenen Energie. Bei aktiven Lautsprecherboxen, die über ein eigenes Netzteil und einen eigenen Netzanschluss verfügen, ist darauf zu achten, dass sie nur bei Bedarf ans Netz angeschlossen werden. Andernfalls beziehen sie zwar nur relativ wenig Strom, was sich aber durchaus summieren kann.

PCs, Drucker und Zubehör

gehören zu den Haushaltsgeräten, die oft aus Nachlässigkeit (vor allem in Kinderzimmern) auch dann eingeschaltet bleiben, wenn sie nicht benötigt werden. Drucker modernerer Bauart schalten sich dann zwar kooperativ auf Stand-by um, aber ein PC mit einem LCD-Monitor bezieht hemmungslos seine ca. 120 bis 130 Watt vom Netz, auch wenn er nur leise vor sich hinbrummt. So wird dann innerhalb von etwa acht Stunden eine stolze Kilowattstunde (1 kWh) verbraucht und das summiert sich. Abhilfe ist dabei einfach: Die meisten PCs haben eine „Einschlaftaste" (Mondscheintaste), mit der man sie so abschalten kann, dass sie keinen Strom mehr beziehen, aber die Programme, an denen zuletzt gearbeitet wurde, abrufbereit gespeichert halten. Nach erneutem Einschalten läuft es – einfach formuliert – auf dem Bildschirm exakt so weiter wie vor dem „Schlafengehen".

Fax- und Telefongeräte

Faxgeräte beziehen vom elektrischen Netz ca. 5 bis 10 Watt. Wer Faxe nur gelegentlich versenden will, aber keinen Bedarf an laufendem Empfang zeitraubender Werbung hat, kann das Fax einfach vom Netz nehmen und nur bei Bedarf einschalten. Das hat zwar den Nachteil, dass die meisten Faxgeräte auf dem Ausdruck ein falsches Datum ausdrucken (wenn es nicht jeweils nach dem Einschalten ggf. umprogrammiert wird), aber diese Lösung kann Stromkosten von etwa 8 bis 15 € im Jahr einsparen.

Eine gewisse Aufmerksamkeit verdienen Telefongeräte, die einen Netzanschluss benötigen. Die meisten „Teilnehmer" sind sich gar nicht bewusst, dass einfache Telefonapparate, die keinen Netzanschluss (keine Steckdose) benötigen, ihre Stromversorgung <u>kostenlos</u> aus dem Telefonnetz beziehen. Bei Apparaten, die mit einem Netzanschluss versehen sind, zahlt hingegen der Kunde den benötigten Strom. Es handelt sich hier zwar nur um einen zusätzlichen Jahresverbrauch von etwa 23 bis 40 kWh, aber dennoch handelt es sich hier um verschenktes Geld.

Satellitenreceiver

Ein Satelliten-Receiver versorgt mit Strom auch den LNB (Empfänger) im Satellitenspiegel und sein Strombedarf im eingeschalteten Zustand liegt, abhängig vom Typ, zwischen ca. 14 und 25 Watt. Der Stand-by-Verbrauch ist typenabhängig sehr unterschiedlich und liegt oft zwischen ca. 9 und 12 Watt.

Elektrische Antriebssysteme

Zu den gängigsten elektrischen Antriebssystemen, die im privaten Bereich angewendet werden, gehören *Garagentor-, Markisen- und Rollo-Antriebe*. Zunehmend setzen sich in unseren Haushalten elektrisch ausfahrbare Fernseher und Projektions-Leinwände durch. Der eigentliche Verbrauch der Antriebs-Elektromotoren ist nicht von Bedeutung, denn es handelt sich jeweils nur um sehr kurze und sporadische Laufzeiten. Alle diese Vorrichtungen sind jedoch bis auf seltene Ausnahmen funkgesteuert und ihre Funkempfänger beziehen daher laufend einen Stand-by-Strom. So beziehen z. B. elektrische Garagentor-Antriebe eine Stand-by-Leistung von etwa 5 bis 6 Watt, denn ihre Funkempfänger lauern Tag und Nacht auf einen Startbefehl. Rechnet man diese an sich niedrige Leistung auf den Jahresbedarf um, ergibt es ca. 44 bis 53 kWh pro Jahr. Bei einem kWh-Preis von 17 Cent ergibt es einen Betrag von ca. 7,50 € bis 9 € pro Jahr. Wer sein Garagentor nur relativ selten öffnet und schließt, dürfte sich überlegen, ob er die ganze elektrische Antriebseinheit nicht über einen zusätzlichen Netzschalter nur vor dem Wegfahren manuell einschaltet und nach der Rückkehr wieder ausschaltet. Ein Netzschalter, dessen Taste mit einer Kontrollleuchte versehen ist, die im eingeschalteten Zustand leuchtet, verringert die „Vergesslichkeits-Quote".

Stromversorgung der Zentralheizungsanlage

Eine gängige Zentralheizungsanlage benötigt meist drei elektrische Umwälzpumpen, die für den Umlauf des heißen Wassers zuständig sind: Eine **Heizkreispumpe** für den Heizkörper-Kreislauf, eine **Speicherpumpe** für den Wärmetauscher (Heizspirale) im Warmwasser-Speicher und eine für die Warmwasser-Leitung(en) im Haus. Die **Heizkreispumpe** hat einen Schalter (Drehschalter) mit drei bis vier Schaltstufen, mit denen die *Pumpenleistung* zwischen ca. 30 und 60 Watt wahlweise eingestellt werden kann.

Da während der Heizperiode die Heizkreispumpe ununterbrochen läuft, sollte sie bevorzugt energiesparend auf Stufe 1 nur langsam laufen. Bei gut dimensionierten Anlagen ist ein vorübergehendes Umschalten der Pumpe auf eine um eine Stufe bis um zwei Stufen höhere Leistung (und somit auf eine etwas höhere Drehzahl) nur während einiger sehr kalten Wintertage erforderlich. Die Pumpe muss in dem Fall einfach kräftig genug pumpen, um die Räume ausreichend warm halten zu können. Welche der Stufen optimal ist, ergibt sich einfach aus dem Wärmebedarf sowie auch aus der Zahl der Räume, die beheizt werden.

Die **Speicherpumpe** läuft jeweils eine kürzere Zeit nur dann, wenn das Wasser im Warmwasserspeicher zu kühl geworden ist und vom Heizkessel nachgewärmt werden muss. Diese Pumpe hat oft auch einen Schalter mit mehreren Leistungsschaltstufen. Hier bleibt es eine Ermessensfrage, welche der Stufen bevorzugt wird: Wird die Pumpe auf eine niedrigere Leistung (und langsameres Pumpen) eingestellt, dauert das jeweilige Nachwärmen des Wassers im Warmwasser-Speicher etwas länger – und umgekehrt. Bei einer mehrköpfigen Familie kann es wünschenswert sein, dass auch „der Letzte in

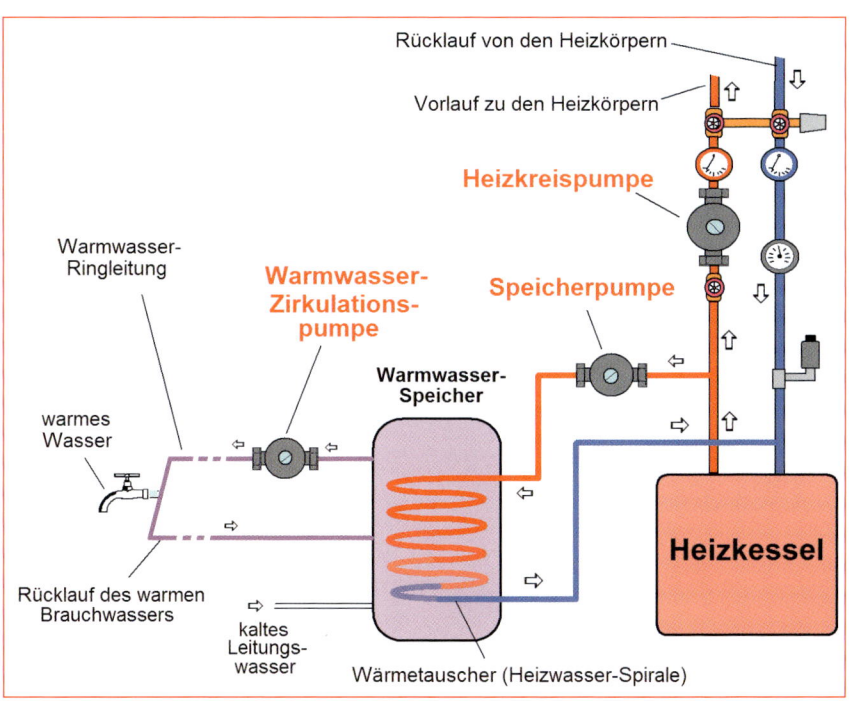

Rücklauf von den Heizkörpern

Vorlauf zu den Heizkörpern

Heizkreispumpe

Warmwasser-Ringleitung

Warmwasser-Zirkulationspumpe

Speicherpumpe

Warmwasser-Speicher

warmes Wasser

Heizkessel

Rücklauf des warmen Brauchwassers

kaltes Leitungswasser

Wärmetauscher (Heizwasser-Spirale)

117

der Warteschlange" nicht zu lange auf das Aufwärmen des Wassers zu warten braucht. Da kann dann diese Pumpe gar nicht schnell genug (und kräftig genug) laufen und sie dürfte daher auf der höchsten Schaltstufe stehen.

Eine richtig dimensionierte **Warmwasser-Zirkulationspumpe** hat in einem Einfamilien-Haus nur eine unveränderbare Leistung von 20 bis 25 Watt. Diese Pumpe läuft als einzige der drei Pumpen Tag und Nacht, im Sommer und im Winter, ohne Unterbrechung. Als die einzige energiesparende Maßnahme dürfte hier eine Kontrolle empfohlen werden, ob der Heizungsbauer nicht eine unnötig stärkere Umwälzpumpe eingebaut hat, deren Leistung höher als ca. 25 Watt ist. Wenn nicht, gibt es hier keinen Grund für irgendwelche zusätzlichen Maßnahmen. Wenn ja, dann kann eine solche Pumpe eventuell eine zusätzliche handelsübliche Steuerung erhalten, die sie energiesparender betreibt. Sie kann allerdings auch nur durch eine 20-Watt- oder 25-Watt-Umlaufpumpe ausgewechselt werden und evtl. als Ersatz für eine der zwei anderen Pumpen dienen – vorausgesetzt, ihre Anschlüsse (Gewindedurchmesser und Pumpenlänge) sind mit den Anschlüssen der restlichen Pumpen identisch.

14 Die heimlichen „Miniverbraucher"

Einige der unsichtbaren Stromfresser haben wir bereits im Zusammenhang mit der Beleuchtung und Geräten der Unterhaltungselektronik angesprochen. Da bleibt eigentlich für eine Auflistung nur noch wenig übrig. Einen gezielten Hinweis verdienen folgende „Minis":

- Schaltzeituhren
- Funkschalter
- Multischalter der Satellitenanlagen
- Türglocken-Transformatoren

Schaltzeituhren (Timer)

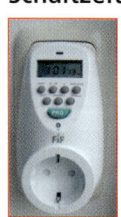

gehören sicherlich zu den nützlichen Geräten, beziehen jedoch elektrischen Strom, auch wenn sie nur in einer Steckdose vergessen wurden. Die Haushaltskasse wird dadurch zwar nur geringfügig aber dennoch belastet. Der Strombedarf solcher Geräte ist markenabhängig unterschiedlich und kann mit manchen handelsüblichen Energiemessgeräten nicht ermittelt werden.

Funkschalter

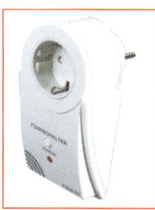

setzen sich in unseren Haushalten zunehmend durch und erleichtern uns das Leben. Sie verfügen jedoch über einen internen Funkempfänger, der laufend auf Empfang steht und somit auch in „AUS-Position" eine geringe Dauerleistung (von etwa 0,5 W) aus dem Netz bezieht. In eingeschaltetem Zustand („EIN-Position") bezieht bei den meisten Funkschaltern die Magnetspule ihres monostabilen Relais zusätzliche elektrische Leistung. Diese ist oft dadurch erhöht, dass die erforderliche (oft relativ niedrige) Spulenspannung unter anderem mit einem Serienwiderstand herabgesetzt wird, der dann mehr Energie verbraucht als die eigentliche Magnetspule.

Multischalter der Satellitenanlagen

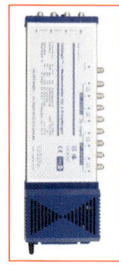

Satellitenanlagen, die für den Empfang mehrerer Satelliten und/oder für eine größere Anzahl Teilnehmer vorgesehen sind, benötigen einen zusätzlichen „Multischalter", der meist einen zusätzlichen Stromanschluss braucht. Ein solcher Multischalter stellt einen Verbraucher dar, der quasi auch dann im Vollbetrieb arbeitet, wenn keiner der Teilnehmer seine Apparatur eingeschaltet hat. Je nachdem, wie viele LNBs an einem solchen kleineren Multischalter angeschlossen sind, liegt sein Leistungsverbrauch meist zwischen ca. 6 und 15 Watt. Das sind ca. 144 bis 360 Wattstunden pro Tag und ca. 52,5 bis 131,4 kWh pro Jahr.

Türglocken-Transformatoren

Obwohl es prinzipiell erstrebenswert ist, dass eine Batterie durch ein Netzgerät oder einen Transformator ersetzt wird, gilt es nur bedingt für einen Türglocken-Transformator, der meist viel zu wenig beansprucht wird. Er gehört jedoch zu den Verbrauchern, die laufend Strom beziehen, denn seine primäre Wicklung ist an das elektrische Netz fest angeschlossen. Der Energieverbrauch eines solchen Transformators ist zwar niedrig, aber immerhin teurer als preiswerte Batterien, die an seiner Stelle die Türglocke nur nach Bedarf mit Strom versorgen können.

Die Mysterien der Stand-bys

Der kostspielige Verbrauch der Stand-bys wird oft angeprangert, aber bisher gibt es nur die Empfehlung, die Geräte einfach immer ganz abzuschalten. Es wurde auch schon gefordert, alle Stand-bys einfach abzuschaffen.

Vom rein technischen Standpunkt ist beides eher laienhaft und packt das Problem des Stand-by-Verbrauchs nicht bei den eigentlichen Wurzeln: Es gibt bereits seit mehr als etwa einem viertel Jahrhundert „elektrische Verbraucher", die ab einer Preisklasse von ca. 15 bis 20 Euro einen wirklich bescheidenen **Stand-by-Verbrauch von nur ca. 0,000062 kWh im Jahr** haben. Erprobt! Umgerechnet auf den Preis einer Kilowattstunde (kWh), belastet ein solcher Stand-by-Verbrauch die

Haushaltskasse mit einem Betrag von ca. 0,00001 Cent pro Jahr (bei gegenwärtigen Stromkosten von ca. 17 Cent pro Kilowattstunde). Pro hundert Jahre wären es 0,0001 Cent, pro tausend Jahre und pro Gerät 0,001 Cent.

Eine solche Behauptung lässt sich rechnerisch leicht nachvollziehen: Der Stand-by-Stromverbrauch von **hundert** hochwertig entwickelten **Geräten** würde uns dann nur insgesamt etwa **0,01 Cent pro Jahr** und somit theoretisch **etwa einen Cent in 100 Jahren pro 100 Geräte** kosten (ausgehend von heutigen Strompreisen). Und unsere Umwelt hätte daran auch ihre Freude!

Dabei waren wir bei dem Beispiel mit dem niedrigen Stand-by-Verbrauch noch zu großzügig, denn wir sind hier <u>nicht</u> von einem „nur Stand-by-Verbrauch", sondern sogar von einem normalen Betriebs-Energieverbrauch einer Funk-Armbanduhr ausgegangen, in der eine 1,55 V/50 bis 80 mAh-Uhren-Knopfzelle erprobt mindestens zwei Jahre lang dieses „elektronische Gerät" mit Strom Tag und Nacht versorgt.

Sehen wir uns die kräftigere 1,55 V/80 mAh-Funkuhren-Knopfzelle näher an: 1,55 V (Volt) x 0,08 Ah (Amperestunden) ergibt einen energetischen Inhalt von 0,124 Wh (Wattstunden). Das sind umgerechnet 0,000124 kWh (Kilowattstun-

den). Da unsere Armbanduhr mit dieser Energie erprobt mindestens zwei Jahre lang auskommt, ergibt sich daraus ein Verbrauch von nur 0,000062 kWh im Jahr (= die Hälfte der vorhandenen Energie, die in der Knopfzelle zur Verfügung steht).

Lassen Sie sich bitte nun nicht auf einen fehlerhaften Vergleich ein, dass eine solche kleine Armbanduhr quasi ähnlich wie eine kleine Maus weniger fressen müsste als ein Bernhardiner, denn das zählt in der Elektronik bei den eigentlichen Stand-bys gar nicht. Stand-bys, die größere Leistungen schalten sollten, müssten zwar über eine zusätzliche elektronische Schaltkaskade verfügen, aber das stellt bei dem heutigen Stand der Herstellungstechnologie kein Problem dar (die elektronische Schaltkaskade könnte z. B. jeweils für etwa eine Sekunde erst dann eingeschaltet werden, wenn das Gerät ein Signal von der Fernbedienung erhält).

Eine Funk-Armbanduhr arbeitet jedoch nicht nur als eine reine Stand-by-Schaltung, sondern verbraucht eine recht große Portion der elektrischen Energie für zusätzliche Leistungen: Sie empfängt in relativ kleinen Zeitintervallen die Radioimpulse eines Senders, der evtl. hunderte Kilometer (in Braunschweig) weit entfernt ist, verstärkt sie, steuert mit ihnen die Uhr und

verbraucht auch einen Teil der Batteriekapazität für das Umstellen der Uhr von Winter- auf Sommerzeit usw. Gleichzeitig betätigt sie bei analogen Funkuhren einen winzigen Elektromagneten, der die Zeiger 3.600 Mal pro Stunde (ca. 31 Millionen Mal pro Jahr) jeweils um eine Stelle weiterstupst. Und das alles bei einem Energieverbrauch von den erwähnten 0,0000124 kWh im Jahr.

Die Elektronik einer solchen Uhr könnte natürlich problemlos anstelle der arbeitsintensiven „Fortbewegung" der Zeiger genau so gut – bzw. noch leichter – einen Fernseher, Recorder oder andere Geräte als „Stand-by-Einheit" fernbedient betreuen. Sie müsste für diese alternative Aufgabe nur ein klein wenig modifiziert werden. Der Stand-by-Verbrauch des Fernsehers und anderer vergleichbarer Geräte würde dann mit dem zusätzlichen Stromverbrauch einer „Low-Current-LED" (als Signalleuchte mit einem Jahresverbrauch von ca. 14 Wattstunden) weniger etwa 0,0162 kWh pro Jahr verbrauchen. Bei 17 Cent pro kWh würde der ganze Spaß ca. 0,274 Cent pro Jahr und Gerät mit ununterbrochen laufendem Stand-by kosten.

14 Die heimlichen „Miniverbraucher"

Nebenbei: Auch viele der guten batteriebetriebenen Geräte haben einen sehr niedrigen Stand-by- und Leistungsverbrauch. Als ein sehr gutes Beispiel kann hier der beschriebene Funk-Heizkörper-Stellantrieb FHT 8V dienen: Obwohl er alle zwei Minuten ein Steuersignal von seiner  „Zentrale" empfängt und nach Bedarf auch laufend mit seinem internen Elektromotor den Heizkörperventil-Antrieb betätigen muss, halten seine zwei Batterien diese „Strapazen" tapfer ein Jahr lang durch. Ausgehend von dem bescheidenen Energieinhalt der zwei 1,5 V-Batterien, verbraucht ein solcher Stellentrieb mit seiner ganzen Elektronik nur etwa 5 bis 5,5 Wattstunden pro Jahr. Eine einzige Kilowattstunde würde ein solches Gerät umgerechnet in etwa 182 bis 200 Jahren verbrauchen.

Es ist sicherlich nur eine Frage der Zeit, wann sich diese „umweltfreundliche Lösung" durchsetzt. Bevor es so weit ist, sollten wir beim Kauf von neuen Geräten auf den Stand-by-Verbrauch achten und die bereits bestehenden Geräte, deren Stand-by-Elektronik zu hungrig ist und bei denen die mühsam einprogrammierten Daten dadurch nicht verlorengehen, abschalten.

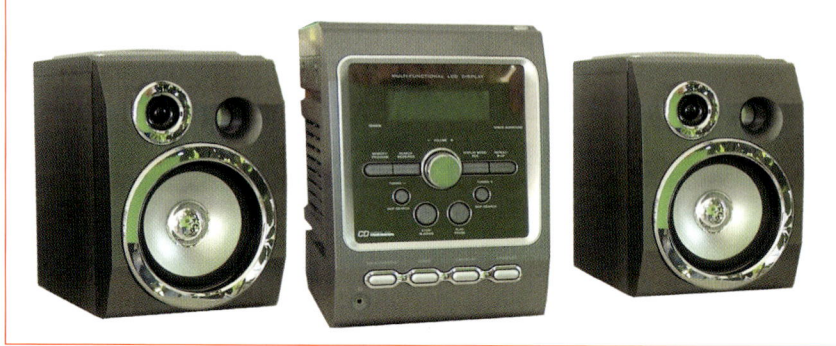

Abb. 14.1 – Billig aber im Stand-by Strom fressend: Dieses Gerät bezieht im Stand-by eine Leistung von 8 Watt (das sind ca. **70 kWh pro Jahr**), bei Vollbetrieb 11 Watt. Der zu hohe Stand-by-Verbrauch, der in einem miserablen Verhältnis zu dem Verbrauch bei Vollbetrieb steht, dürfte in diesem Fall eindeutig als „anwender- und umweltverachtend" bezeichnet werden. Es lohnt sich, dass der Stand-by-Verbrauch solcher Geräte gleich nach dem Kauf gemessen wird und dass der Kunde bei solchen „Fehlgeburten" prompt Gebrauch von seinem Rückgaberecht macht.

Bei den Stand-bys gibt es noch ein weiteres Problem: Die meisten Energiemessgeräte erfassen messtechnisch niedrigere Stand-by-Abnahmeleistungen gar nicht. Wenn dann der Stand-by-Leistungsverbrauch eines Geräts je nach Typ unterhalb eines Minimums (von z. B. 0,5 Watt) liegt – was vor allem bei kleineren Geräten vorkommen kann –, und dieser Stand-by-Verbrauch ist in den technischen Unterlagen bzw. in der Bedienungsanleitung nicht aufgeführt, kann der Anwender gar nicht dahinter kommen, was so ein „stiller Diener" in sich laufend hineinfrisst. So bleibt dann die Frage offen, bei welchem der Kleingeräte sich ein ständiges Ein- und Abschalten lohnt und bei welchem man auf das Ausschalten eventuell verzichten dürfte.

Stand-by-Abnahmeleistungen überhalb von einem Watt sowie auch Leistungen großer elektrischer Verbraucher (z. B. auch Geschirrspüler oder Wäschetrockner) können sehr bequem mit einem dafür vorgesehenen speziellen Steckdosen-Messgerät nach *Abb. 10.5* ermittelt werden. Die meisten dieser Messgeräte zeigen sowohl den eigentlichen Strom- und Leistungsverbrauch als auch die damit verbundenen Stromkosten an.

Messvorrichtung für die Ermittlung des Stand-by-Stromverbrauchs

Abgesehen davon, dass die Messvorrichtung nach *Abb. 14.2* aus Sicherheitsgründen (Stromschlag) solide ausgelegt sein sollte, darf das angeschlossene Gerät nur dann auf Vollbetrieb geschaltet werden, wenn – und solange – der eingezeichnete Schalter „**S**" den Messwiderstand kurzschließt. Andernfalls würde der Messwiderstand verbrennen, da er nur den Stand-by-Strom verkraftet. Ein solcher Widerstand kostet zwar nur ca. 10 Cent, aber wenn z. B. kein Ersatzwiderstand vorrätig ist, dürfte hier Vorsicht geboten sein. Diese Messschaltung ist für Messungen von Stand-by-Leistungen vorgesehen, die unterhalb von 1 Watt liegen.

Das Messen erfolgt in folgenden Schritten:

1. Das angeschlossene Gerät ausschalten bzw. aus dem Stecker ziehen;
2. Schalter „**S**" einschalten (er muss den 470-Ohm-Messwiderstand kurzschließen);
3. Das angeschlossene Gerät einschalten und auf Stand-by umschalten;
4. Schalter „**S**" öffnen.
5. Spannung – wie abgebildet – am Messwiderstand messen und notieren, der Messvorgang ist damit beendet;
6. Schalter „**S**" wieder einschalten, das gemessene Gerät ausschalten und die Messvorrichtung abbauen.

Und so geht es weiter: Angenommen, wir haben an den Messwiderstand die eingezeichnete Spannung von 1,9 Volt ermittelt. Nach dem ohmschen Gesetz

Strom = Spannung : Widerstand

Rechnen wir den Strom aus, der durch den Widerstand fließt:

1,9 Volt : 470 Ohm = 0,004 Ampere (die der Stand-by des gemessenen Gerätes bezieht).

Daraus können wir leicht auch die Abnahmeleistung des Gerätes in Watt ausrechnen. Hier müsste theoretisch die **230-Volt**-Netzspannung nach Abzug des Spannungsverlustes von 1,9 Volt an dem Messwiderstand in die Formel „**Spannung [V] x Strom [a] = Leistung [W]**" eingesetzt werden. Man darf aber die 1,9 Volt negieren und einfach mit der 230-Volt-Netzspannung rechnen (die ist ohnehin in der Praxis nicht so genau und auch nicht ausreichend genau messbar). Die vom Stand-by bezogene Leistung beträgt demzufolge

230 Volt x 0,004 Ampere = 0,92 Watt

Auf dieselbe Weise kann der Stand-by-Verbrauch bei beliebigen Geräten ausreichend genau ermittelt werden. Der 470-Ohm/0,6-Watt-Messwiderstand eignet sich jedoch nur für Stand-by-Messungen unterhalb von 8 Watt – was in der Praxis voll ausreicht.

Wie kann man am besten Strom sparen?
Der Stromverbrauch ist in jedem Haushalt sehr unterschiedlich und der Umfang möglicher Einsparungen hängt unter anderem auch davon ab, inwieweit hier bereits gezielt und erfolgreich gespart wurde.

Die meisten Ratschläge, die ab und zu in den Medien in Bezug auf das Stromsparen gegeben werden, empfehlen das Ersetzen der herkömmlichen Glühbirnen durch Energiesparlampen und das Ersetzen des elektrischen Wäschetrocknens durch Aufhängen der Wäsche auf eine Wäscheleine.

Die Anwendung von Energiesparlampen ist zweifellos sinnvoll. Das Trocknen der Wäsche auf einer Leine fällt dagegen unter etwas fragliche Sparmaßnahmen. Prinzipiell ist nichts dagegen einzuwenden, dass in einem Haus mit Garten die Wäsche außen auf der Wäscheleine getrocknet wird. Leider verfügt aber nur die Minderheit unserer Bevölkerung über einen Garten und nur wenige haben so viel Zeit übrig, dass sie sich für einen solch zeitraubenden Arbeitsaufwand begeistern lassen. Eine umwerfende Einsparung an Stromkosten kann dabei auch nicht erzielt werden, da man auf diese Weise nur etwa 39 bis 50 Cent an Stromkosten pro 5 kg Wäsche einsparen kann.

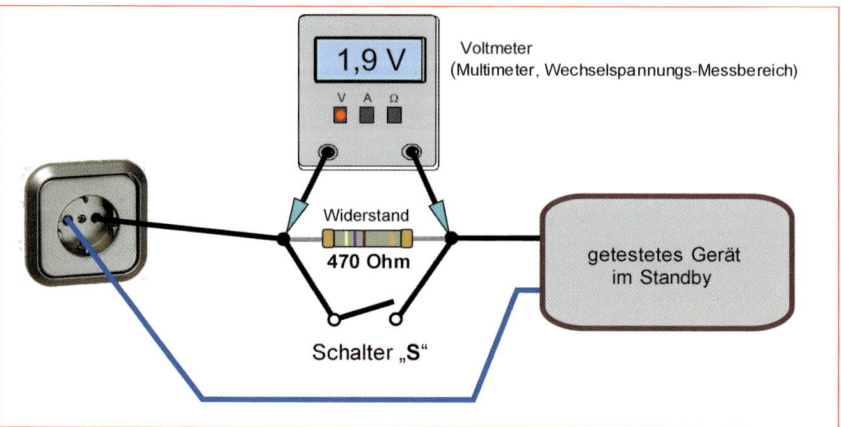

Abb. 14.2 – Prinzip einer Messvorrichtung für die Ermittlung des Stand-by-Stromverbrauchs: **Vorsicht – Der Aufbau und die eigentlichen Messungen sollten aus Sicherheitsgründen fachgerecht erfolgen!**

Gibt es da überhaupt noch andere, sinnvolle Vorschläge zum Stromsparen? Sicher! Hier muss aber jeder auskundschaften, wo er überflüssigerweise zu viel Strom verbraucht und wo Einsparungen verhältnismäßig leicht erzielbar sind.

Die Tabellen 14.1 und 14.2 listen den Stromverbrauch bei den gängigsten elektrischen Verbrauchern auf. Dieser variiert jedoch individuell, da sowohl die Geräte als auch die Gewohnheiten sehr unterschiedlich sind. Diese Tabellen zeigen vor allem den großen Spielraum zwischen den Minimum- und Maximumgrenzen bei den gängigsten elektrischen Verbrauchern und dürften sich bei Ihrer Suche nach den größten Energiefressern bzw. nach den einfachsten Einsparungsmög-

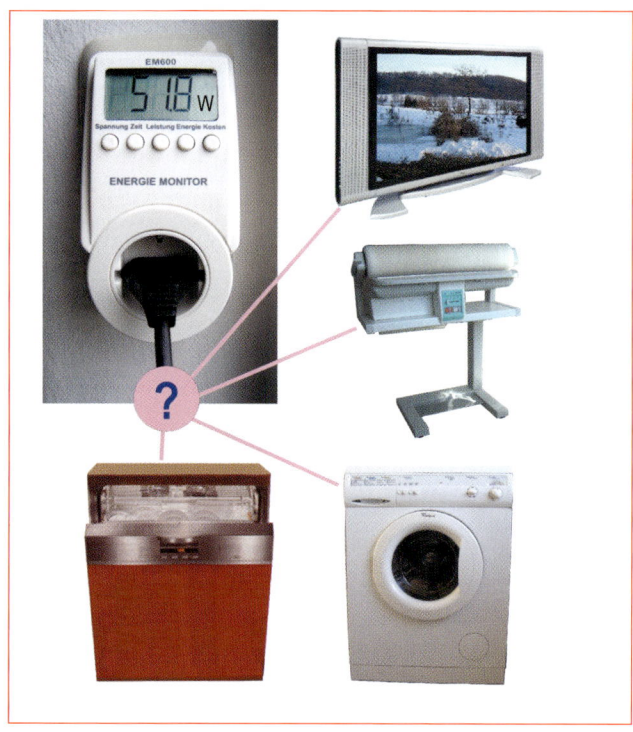

Abb. 14.3 – Der kleine und preiswerte „Energy-Monitor" zeigt blitzschnell an, wie viel Strom und welche Leistung (in kWh) ein an ihm angeschlossener elektrischer Verbraucher bezieht, und was es kostet.

lichkeiten in Ihrem Haushalt als „wegweisend" erweisen.

Ab und zu den Stromverbrauch (oder auch z. B. den Gasverbrauch) nachzumessen, erleichtert die Kontrolle darüber, in welchem Umfang sich die eine oder andere Sparmaßnahme auf den gesamten Verbrauch tatsächlich auswirkt.

Preiserhöhungen des elektrischen Stroms sind an der Tagesordnung. Wir sollten lernen, den elektrischen Strom als „Ware" zu sehen, die aufwendig aus anderen Energien gewonnen wird.

Dasselbe gilt natürlich auch für Heizöl und Erdgas. Ab einer rechnerisch leicht ermittelbaren Schnittstelle trifft dasselbe auch für andere Energien zu, die aus nachwachsenden Rohstoffen gewonnen werden.

So gut es klingt, dass Brennholz ein nachwachsender Rohstoff ist, ist er aber jetzt schon recht knapp. Unsere holzverarbeitende Industrie importiert schon seit mehreren Jahrzehnten Holz, Holz-Halbfabrikate und Holzwaren (worunter auch Möbel zählen) zu einem großen Teil aus dem „Billigausland". Dort werden – bzw. wurden bereits – große Waldgebiete hemmungslos ausgerottet. Und das Nachwachsen eines neuen Baumes dauert mindestens 80 Jahre – vorausgesetzt dass eine Nachpflanzung überhaupt erfolgt.

So kann sich jeder von uns nur auf sich selbst verlassen und auch selbst bestimmen, welche der Sparmaßnahmen er für seine Haushaltskasse und welche er für die Umwelt vornimmt. Klar ist, dass von sinnvollen Energieeinsparungen beide Seiten profitieren. Und das zählt!

Verbraucher	Jahresverbrauch
Geschirrspül-Automat (Standard-Größe)	350 bis 1.000 kWh
Waschmaschine (5 kg Füllmenge)	60 bis 200 kWh
Wäschetrockner (5 kg Füllmenge)	120 bis 280 kWh
Bügeleisen & Elektromangel	200 bis 500 kWh
Staubsauger	50 bis 700 kWh
Elektroherd mit Backofen	150 bis 1800 kWh
Mikrowelle & Mini-Backöfen	100 bis 500 kWh
Energiespar. Kühlschrank A+ (100 Liter Nutzinhalt)	185 bis 200 kWh
Standard-Kühlschrank (100 Liter Nutzinhalt)	260 bis 290 kWh
Kühl-Gefrierkombination A+ (Kühlteil 170, Gefrierteil 57 Liter)	275 bis 290 kWh
Gefrierschrank A+ (160 Liter Nutzinhalt)	185 bis 200 kWh
Beleuchtung	100 bis 600 kWh
Plasma-Fernseher (3 bis 4 Std. täglich betrieben)	200 bis 300 kWh
LCD-Fernseher (3 bis 4 Std. täglich betrieben)	150 bis 250 kWh
Röhren-Fernseher (3 bis 4 Std. täglich betrieben)	40 bis 150 kWh

Tabelle 14.1 – Der Stromverbrauch größerer elektrischer Verbraucher.

Verbraucher	Jahresverbrauch
PC mit Zubehör (3 bis 4 Std. täglich betrieben)	100 bis 160 kWh
Musikelektronik (3 bis 4 Std. täglich betrieben)	11 bis 100 kWh
Satelliten-Receiver (3 bis 4 Std. täglich betrieben)	14 bis 25 kWh
Rekorder, Standby laufend ein (1 bis 2 Std. täglich betrieben)	25 bis 80 kWh
Bett-Heizkissen (während der kühleren Monate)	30 bis 45 kWh
Bett-Heizdecke (während der kühleren Monate)	50 bis 100 kWh
kleine Küchengeräte	2 bis 20 kWh
kleinere Elektrowerkzeuge	5 bis 75 kWh
elektrische Gartengeräte	20 bis 100 kWh
Klimagerät (Raumkühlung) (ca. 3 Wochen lang betrieben)	300 bis 1000 kWh
Fax- oder Telefongerät (durchlaufend eingeschaltet)	23 bis 40 kWh
Garagentor-Elektroantrieb	35 bis 60 kWh
elektrischer Luftbefeuchter (Verbrauch pro 100 Std.)	2 bis 50 kWh
elektrischer Ventilator (Verbrauch pro 100 Std.)	3 bis 8 kWh
Standby-Verbrauch pro Gerät im Jahr	4 bis 80 kWh

Abb. 14.4 – Es dauert leider mindestens achtzig Jahre, bis aus einem Samen ein einigermaßen großer Baum wird, den man fällen und zu Brennholz verarbeiten kann ...

Bezugsquellen der Fotos: **ELV Elektronik AG,** 26787 Leer

Lieferantennachweis – auch für Katalogbestellung:

ELV Elektronik AG, 26787 Leer, Telefon (04 91) 60 08 88, Fax (04 91) 70 16, Internet: *www.elv.de*

Conrad Electronic, Klaus Conrad Straße 1, D-92240 Hirschau Telefon (0 18 05) 3 21 11, Fax (0 18 05) 3 12 10, Internet: *www.conrad.de*

Tabelle 14.2 – Stromverbrauch kleinerer elektrischer Verbraucher.

Stichwortverzeichnis

Stichwortverzeichnis